발 행 일	2025년 09월 19일(1판 2쇄)
I S B N	979-11-92695-62-4(13000)
정 가	14,000원
기 획	컴벤져스
집 필	김지혜
진 행	이영수
본문디자인	디자인앨리스
발 행 처	㈜아카데미소프트
발 행 인	유성천
주 소	경기도 파주시 정문로 588번길 24
홈 페 이 지	www.aso.co.kr

※ 이 책은 저작권법에 따라 보호를 받는 저작물이므로 무단 전재와 무단 복제를 금지하며, 이 책 내용의 전부 또는 일부를 이용하려면 반드시 ㈜아카데미소프트의 서면동의를 받아야 합니다.

목차 Contents

1. **미리캔버스 들어가기** ··· 006
   캐릭터 템플릿 만들기 - 퀴즈 템플릿 만들기 ··································· 013

2. **나만의 상상 속 사파리 만들기** ··· 014
   사파리 만들기 - 바닷속 꾸미기 ··· 017

3. **이모티콘으로 말해요 (속담버전)** ··· 018
   이모티콘 동물 속담퀴즈 - 이모티콘 과일 속담퀴즈 ························ 025

4. **이모티콘으로 말해요 (영화버전)** ··· 026
   이모티콘 애니메이션 영화퀴즈 - 이모티콘 액션 영화퀴즈 ············· 033

5. **움직이는 gif 이모티콘** ·· 034
   이모티콘 만들기 - 트리 전구 불켜기 ·· 041

6. **종합 활동 문제** ·· 042

7. **내가 최고짱 배경화면** ·· 044
   컴퓨터 배경화면 만들기 - 휴대폰 배경화면 만들기 ······················· 051

8. **산타할아버지가 주는 선물** ··· 052
   산타할아버지 선물 - 할로윈 포토존 만들기 ····································· 059

9. **효도 쿠폰 만들기** ·· 060
   효도 쿠폰 만들기 - 친구 선물 쿠폰 ·· 067

10. **행운 카드 만들기** ·· 068
    행운 카드 - 소망 카드 ··· 075

11. **생일 알리미** ·· 076
    생일 알리미 - 날씨 알리미 ·· 083

12. **종합 활동 문제** ·· 084

13. AI로 로고 만들기 — 086
AI로고 만들기 - AI일러스트 만들기 — 091

14. AI로 캐릭터 만들기 — 092
AI로 캐릭터 만들기 - 3D 동물 캐릭터 — 099

15. 여름방학 추억 — 100
인생네컷 만들기 - 사진일기 만들기 — 107

16. 방 문 안내 — 108
방 문 안내 - 외출 전 체크리스트 — 115

17. 내맘대로 영양사 선생님 — 116
오늘의 급식표 - 이번주 학급 시간표 — 123

18. 종합 활동 문제 — 124

19. 나를 소개합니다 — 126
자기소개 PPT - 친한친구 소개PPT — 133

20. 편의점 레시피 — 134
편의점 꿀조합 레시피 - 라면 조합 레시피 — 139

21. 과자 포장 디자인하기 — 140
과자 포장 디자인 - 캔디 포장 디자인 — 147

22. 사계절의 꽃 알아보기 — 148
사계절 꽃 - 사계절 과일 — 155

23. 건강하게 치아지키기 — 156
치아 관리 수칙 - 치아 관리 OX퀴즈 — 163

24. 종합 활동 문제 — 164

미리캔버스 회원가입하기

❶ 미리캔버스 홈페이지(https://www.miricanvas.com/)에서 우측 상단 [5초 회원가입]을 클릭합니다.

❷ 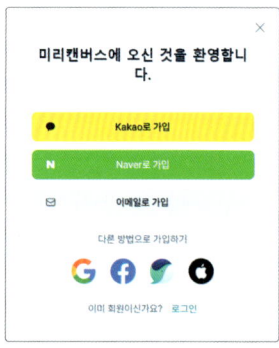을 클릭한 다음 구글 이메일이 있는 경우 이메일과 비밀번호를 입력하여 회원가입하고, 없는 경우에는 [계정 만들기]를 클릭합니다.

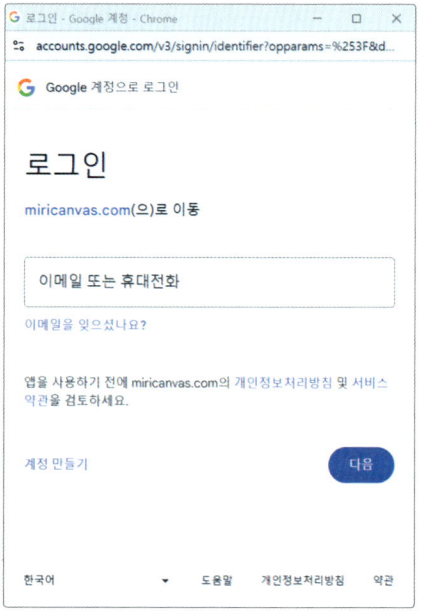

❸ 이름을 입력한 다음 [다음]을 클릭하고, 생년월일 및 성별을 입력 후 [다음]을 클릭합니다.

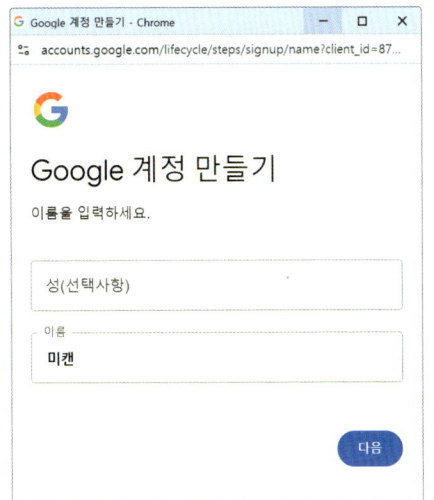 

❹ [내 Gmail 주소 만들기]를 선택한 다음 새로 만들 주소를 입력한 후 [다음]을 클릭합니다.

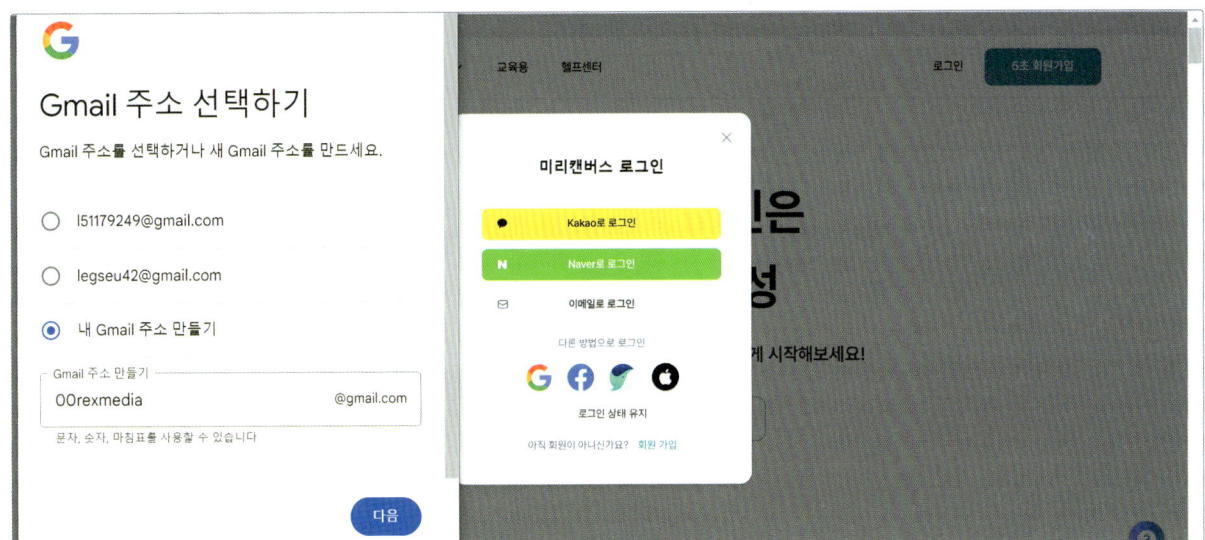

❺ 비밀번호와 확인에 각각 비밀번호를 입력한 다음 [다음]을 클릭합니다.
❻ 복구 이메일은 [건너뛰기]를 클릭한 다음 약관 동의 체크 후 [계정만들기]를 클릭합니다.
❼ [전체메뉴(☰)]를 클릭한 다음 [워크스페이스로 이동하기]를 클릭하여 로그아웃을 합니다.

 여러 사람이 사용하는 컴퓨터일 경우 사용 후 로그아웃을 실행해야 안전하게 종료됩니다.

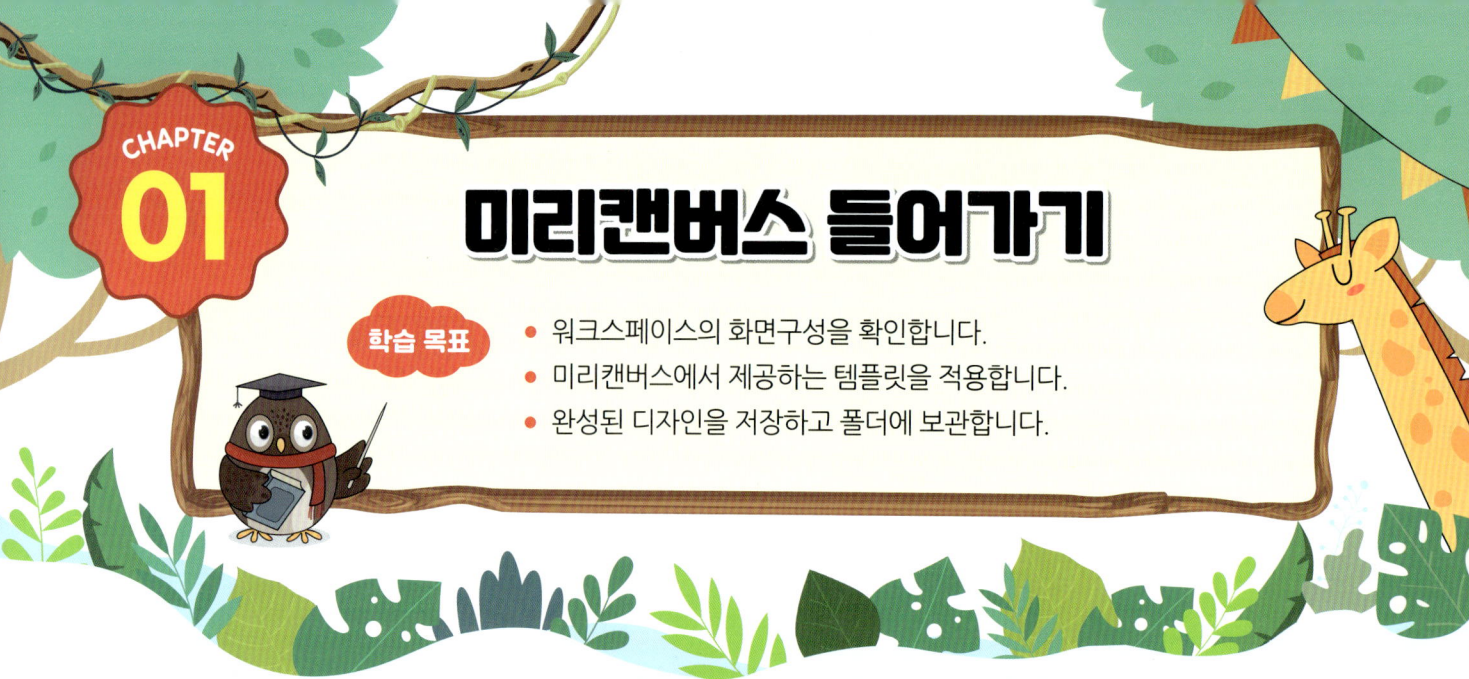

CHAPTER 01 미리캔버스 들어가기

학습 목표
- 워크스페이스의 화면구성을 확인합니다.
- 미리캔버스에서 제공하는 템플릿을 적용합니다.
- 완성된 디자인을 저장하고 폴더에 보관합니다.

📁 **완성된 파일** : 미리캔버스 들어가기_완성

오늘 배울 내용은?

미리캔버스에서 제공하는 템플릿을 적용하고 다운로드 및 저장을 합니다.

01 워크스페이스 화면구성 익히기

① 미리캔버스 홈페이지에서 [로그인] 후 본인 계정에서 [워크스페이스]를 클릭하여 이동합니다.

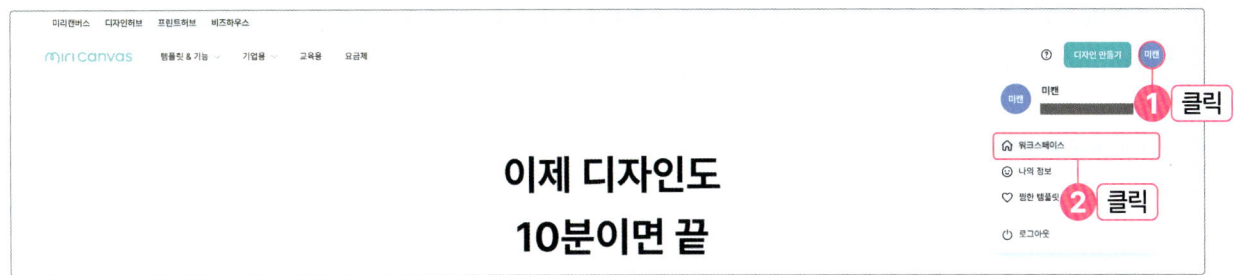

② 미리캔버스의 워크스페이스 화면을 확인합니다.

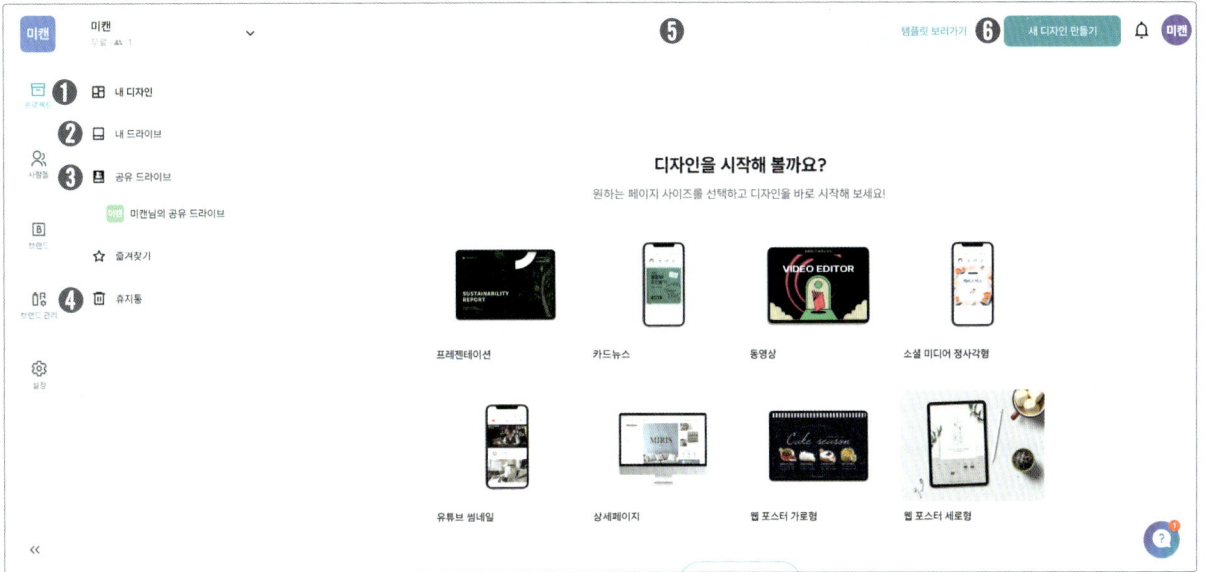

❶ **내 디자인** : 내 드라이브에 저장된 디자인 문서들을 모두 확인할 수 있어요.

❷ **내 드라이브** : 업로드한 파일을 확인할 수 있고, 폴더를 만들어 정리할 수 있어요.

❸ **공유 드라이브** : 워크스페이스 멤버들과 함께 작업을 공유할 수 있어요.

❹ **휴지통** : 삭제된 디자인 문서를 확인하고 복원할 수 있으며, 30일 동안 보관할 수 있어요.

❺ **검색** : 내 드라이브에 보관된 파일을 검색할 수 있어요.

❻ **새 디자인 만들기** : 새로운 디자인을 만들 수 있어요.

02 폴더 생성 및 관리하기

① 디자인을 보관할 폴더를 만들기 위해 [내 드라이브]-[폴더(⊞)]를 클릭한 다음 [폴더 만들기] 대화상자에서 이름을 입력한 후 [만들기]를 클릭합니다.

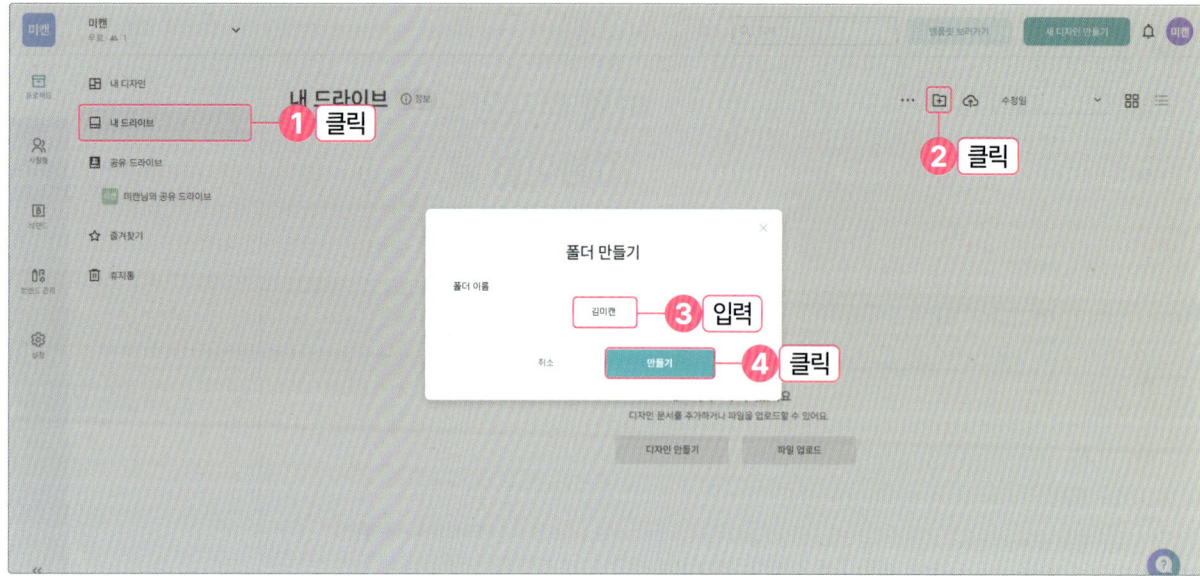

② 폴더가 생성된 후에는 속성(⋯) 버튼을 클릭한 다음 [즐겨찾기 추가]를 클릭하고 [김렉스] 폴더를 클릭하여 즐겨찾기에 추가합니다.

 선생님 TIP 즐겨찾기 추가를 클릭하면 왼쪽 [프로젝트] 탭의 [즐겨찾기]에 등록된 것을 확인할 수 있습니다.

03 새로운 디자인 만들기

① 워크스페이스에서 [새 디자인 만들기]-[프레젠테이션]을 클릭합니다.

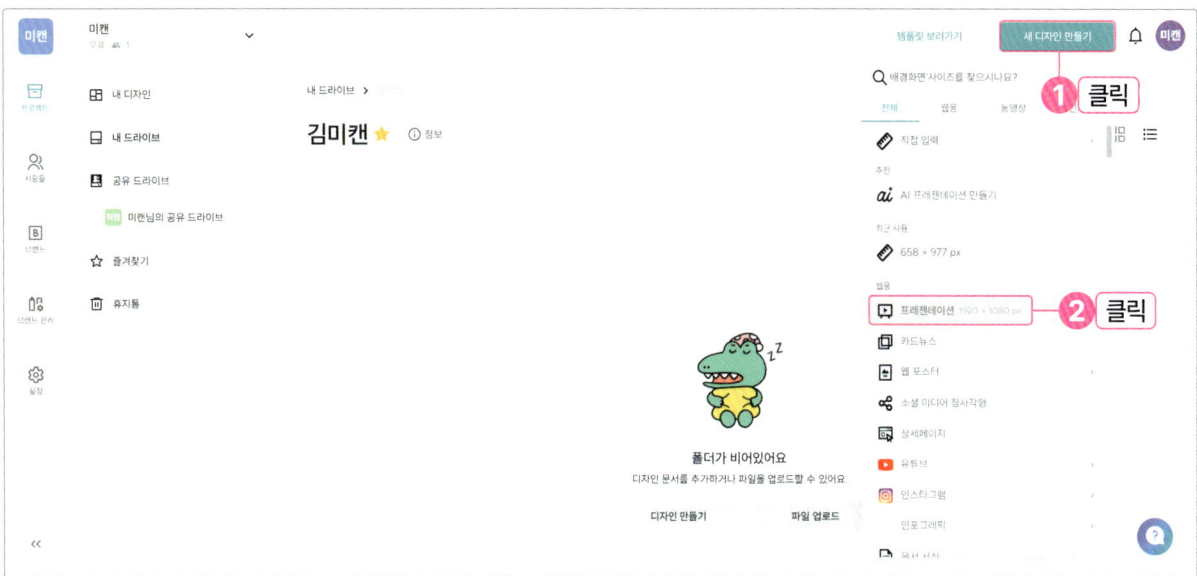

② [템플릿(□)]의 검색창에 "캐릭터"를 입력하고 Enter 를 눌러 검색한 다음 원하는 템플릿(가을배경 프레젠테이션)을 클릭 후 '첫번째 슬라이드'를 클릭합니다.

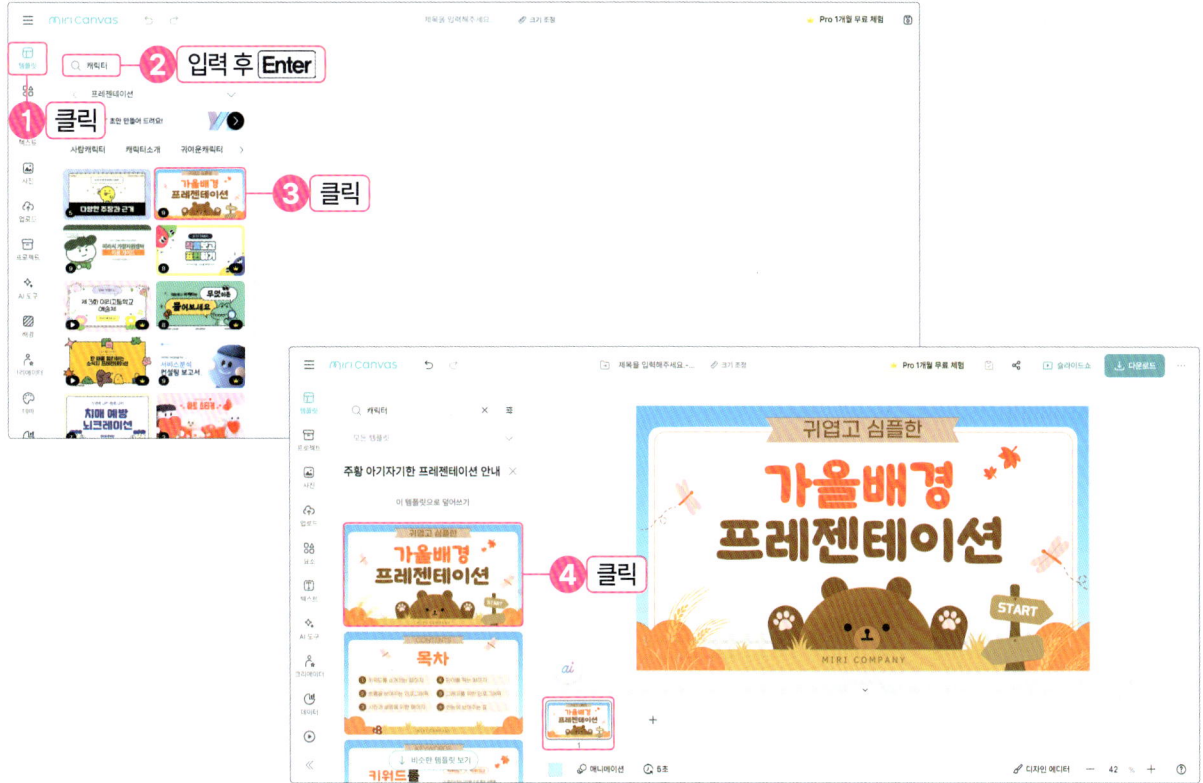

③ 새로운 페이지 추가를 위해 하단의 [페이지 추가(+)]를 클릭 후 템플릿을 클릭합니다.

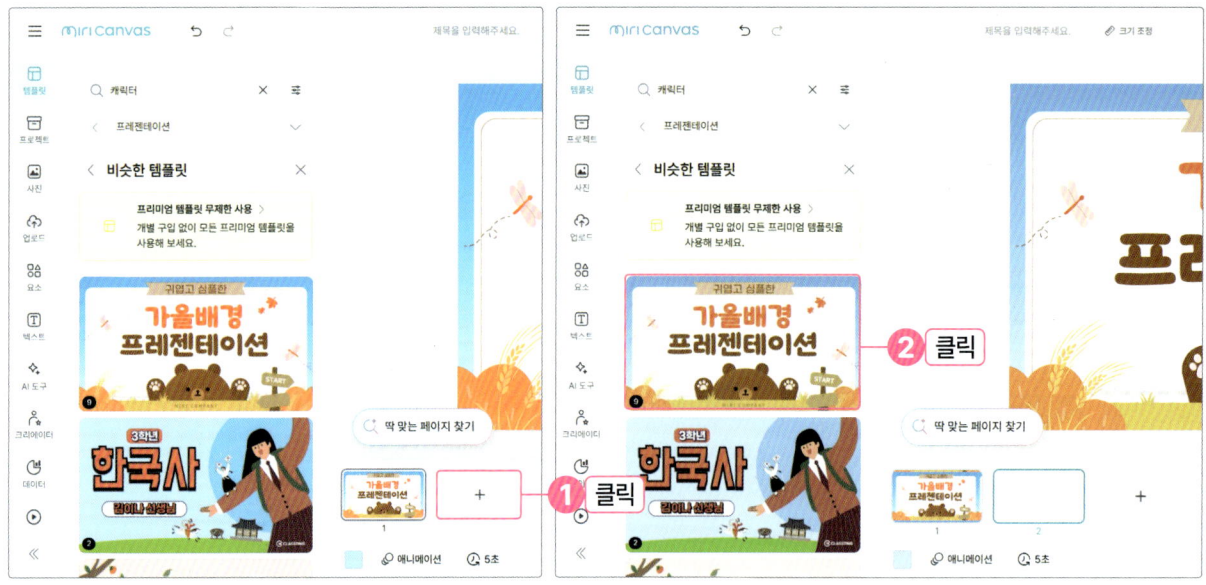

④ 템플릿 안의 슬라이드 목록이 표시되면 원하는 슬라이드를 클릭하여 두 번째 페이지에 추가합니다.

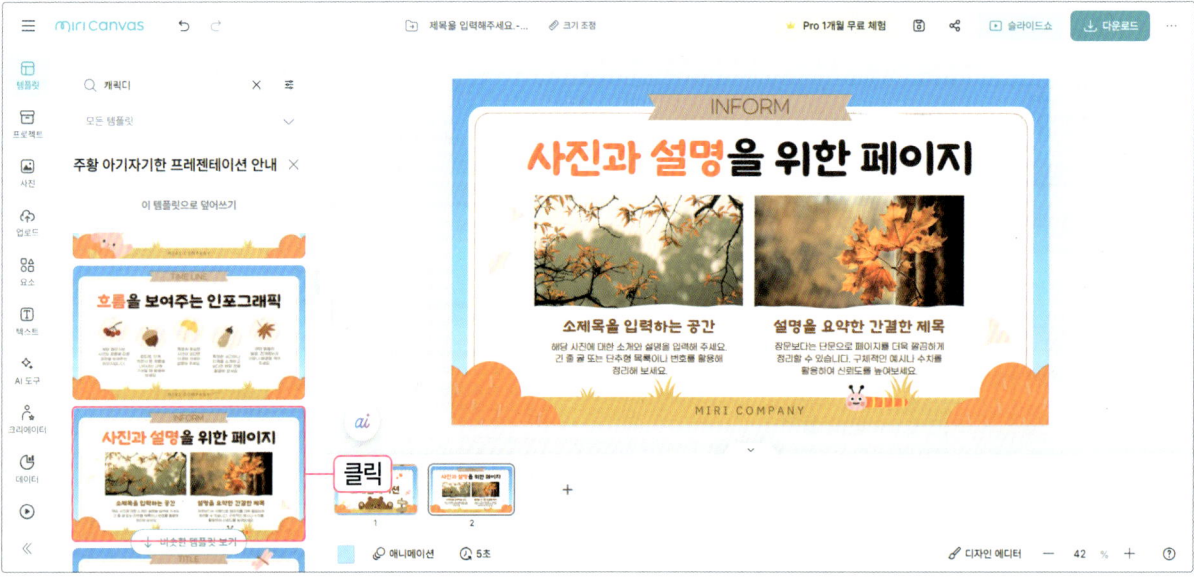

⑤ ③~④와 같은 방법으로 페이지 추가 및 템플릿의 슬라이드를 더 추가하여 디자인을 완성해 봅니다.

04 디자인 저장하기

① 상단 도구의 [제목을 입력해주세요.]에 "미리캔버스 들어가기_완성"을 입력 후 Enter 를 누릅니다.

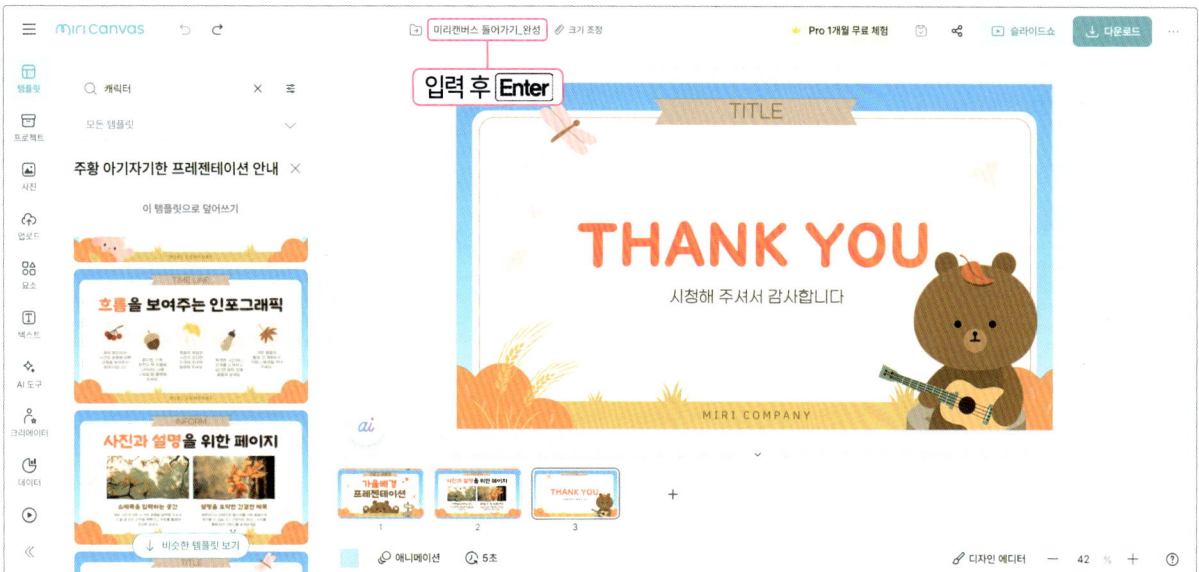

② 완성된 디자인을 저장하기 위해 [다운로드(다운로드)]를 클릭합니다.

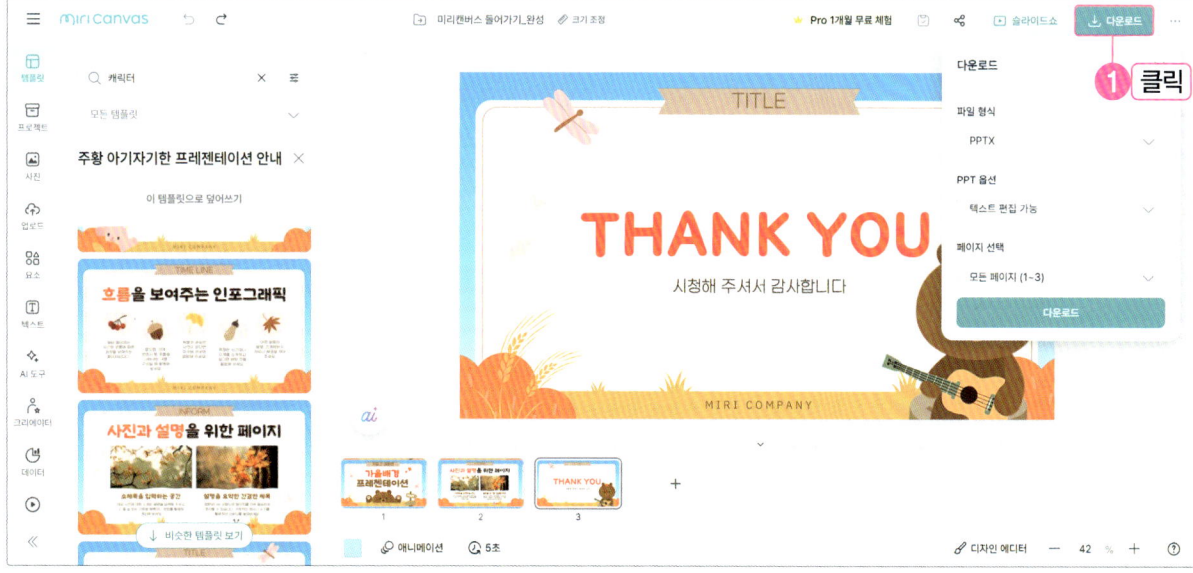

CHAPTER 01 미리캔버스 들어가기 • 011

❸ [파일형식] 목록에서 [PPTX]로 선택한 후 [다운로드]를 클릭합니다.

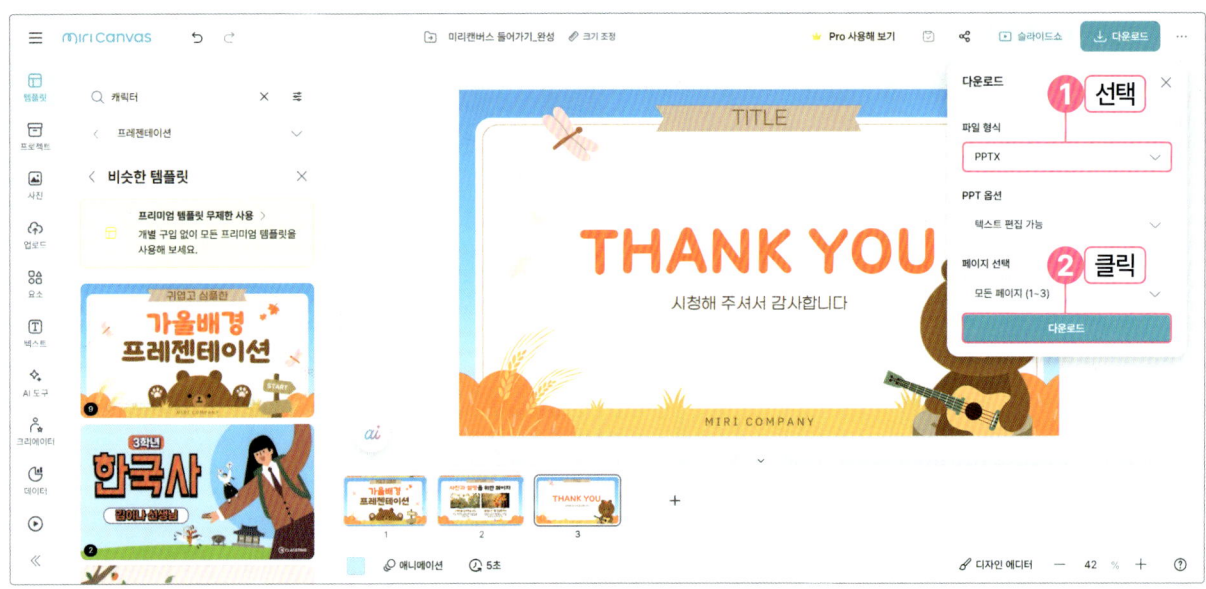

 왕관 아이콘(👑)이 있는 템플릿은 유료(PRO)버전에서 사용할 수 있습니다.

❹ 내 컴퓨터의 [다운로드] 폴더에 [미리캔버스_들어가기_완성.zip] 파일이 다운로드된 것을 확인할 수 있습니다.

 파일 형식에 따라 그림(png, jpg), PDF, PPTX, MP4, GIF 등의 파일로 다운로드 받을 수 있습니다.

도전! 혼자서 해결해 보아요

📄 완성된 파일 : 퀴즈 템플릿_완성

디자인 저장하기

❖ **미션 1 :** 좌측 상단 [전체메뉴(☰)]를 클릭하여 [새 디자인 만들기]-[프레젠테이션]을 선택합니다.

❖ **미션 2 :** [템플릿]에 '퀴즈'를 검색하여 원하는 템플릿을 선택합니다.

❖ **미션 3 :** 페이지를 추가하여 다양한 템플릿을 선택하고 저장합니다.

 퀴즈

CHAPTER 02 나만의 상상 속 사파리 만들기

- [배경]에서 원하는 이미지를 검색하고 삽입합니다.
- [요소]에서 원하는 이미지를 검색하고 삽입합니다.
- 다양한 디자인 요소를 삽입하고 크기를 변경합니다.

📁 완성된 파일 : 사파리 만들기_완성

오늘 배울 내용은?

미리캔버스에서 제공하는 배경과 이미지를 이용하여 나만의 사파리를 만들어봅니다.

선생님 TIP : 개체를 클릭한 뒤 회전아이콘을 드래그하면 회전할 수 있습니다.

01 새 디자인에 배경을 설정하기

① 워크스페이스에서 [새 디자인 만들기]를 클릭한 다음 [프레젠테이션]을 클릭합니다.

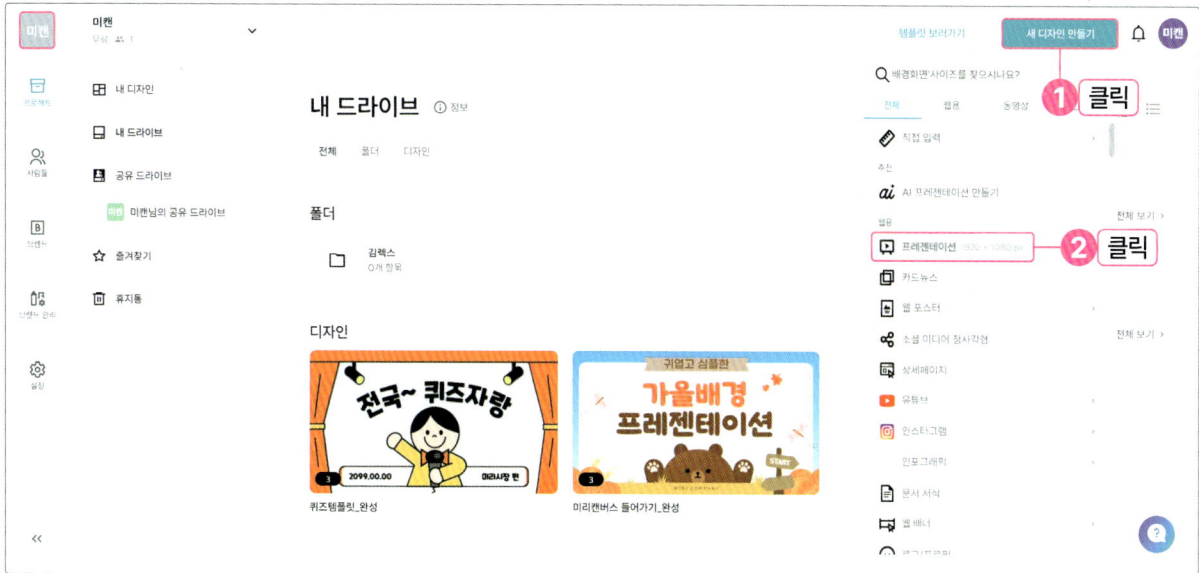

② [배경(▨)]을 클릭한 후 검색 창에 "하늘"을 입력한 다음 Enter 를 눌러 원하는 배경 이미지를 클릭, 페이지에 추가합니다.

CHAPTER 02 나만의 상상 속 사파리 만들기 • 015

02 요소를 추가하고 크기 변경하기

① [요소(▦)]를 클릭한 후 검색 창에 "꽃동산"을 입력하고 Enter 를 눌러 검색 목록이 표시되면 삽입할 요소를 클릭한 다음 이동 및 크기를 변경합니다.

② 같은 방법으로 관련된 요소(동물, 새, 나무 등)를 삽입하고 이동 및 조절점(◯)을 드래그하여 크기를 변경합니다.

선생님의 검색어 HINT ▷ 3d동물, 새, 나무, 꽃동산, 수풀

③ 상단 도구의 [제목을 입력해주세요.]에 "사파리 만들기_완성"을 입력 후 Enter 를 누릅니다.

④ [다운로드(↓ 다운로드)]-[파일형식(JPG(웹용))]-[빠른 다운로드]를 클릭하여 저장합니다.

도전! 혼자서 해결해 보아요

📁 완성된 파일 : 바닷속 꾸미기_완성

🛡️ 바닷속에는 어떤 친구들이 살고 있을까?

❖ **미션 1 :** 좌측 상단 [전체메뉴(≡)]를 클릭하여 [새 디자인 만들기]-[프레젠테이션]을 선택합니다.

❖ **미션 2 :** [배경]을 클릭하고 '바닷속'을 검색하여 원하는 배경을 선택합니다.

❖ **미션 3 :** [요소]를 클릭하고 '바닷속'과 관련있는 다양한 요소들로 꾸며봅니다.

선생님의 검색어 HINT ▶ 바닷속, 해파리, 물고기, 바다생물, 산호, 고래, 문어

CHAPTER 02 나만의 상상 속 사파리 만들기 • **017**

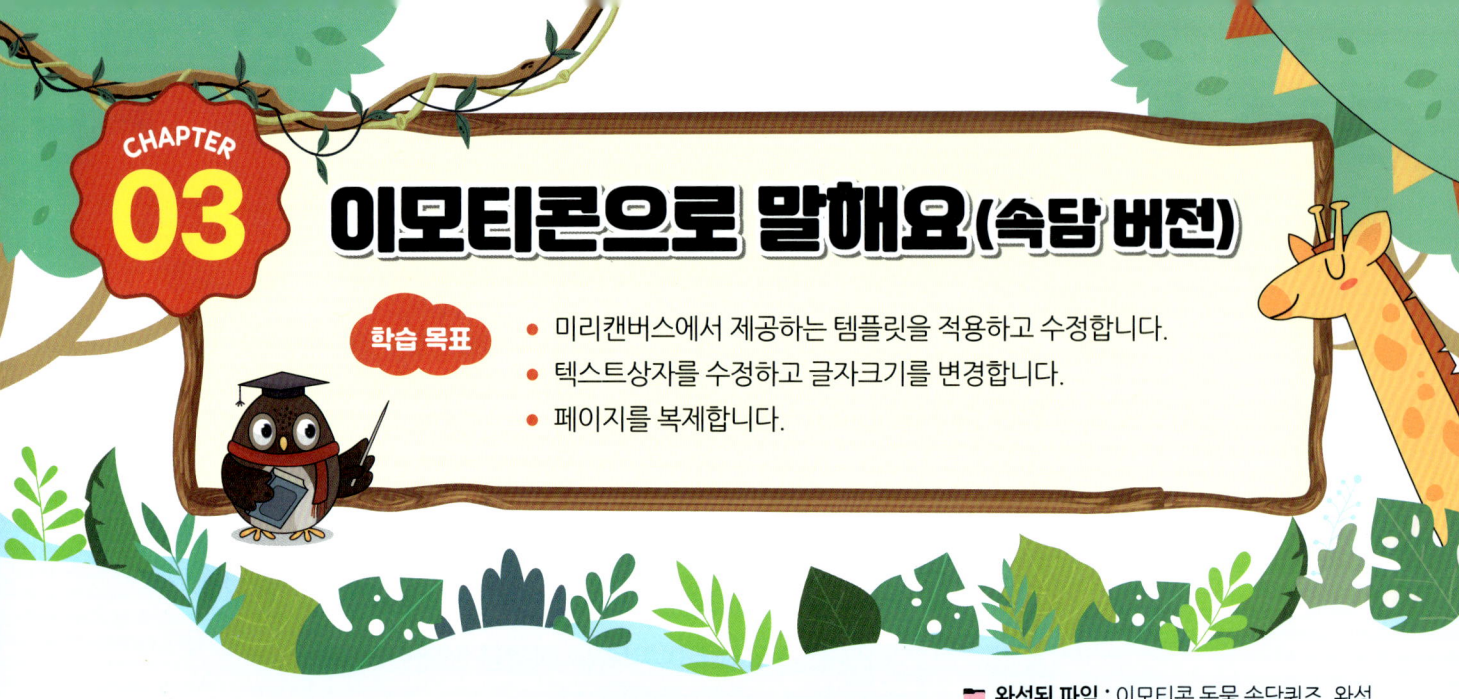

CHAPTER 03 이모티콘으로 말해요 (속담 버전)

학습 목표
- 미리캔버스에서 제공하는 템플릿을 적용하고 수정합니다.
- 텍스트상자를 수정하고 글자크기를 변경합니다.
- 페이지를 복제합니다.

📁 **완성된 파일** : 이모티콘 동물 속담퀴즈_완성

오늘 배울 내용은?

미리캔버스에서 제공하는 템플릿을 수정하여 이모티콘으로 속담퀴즈를 만들어봅니다.

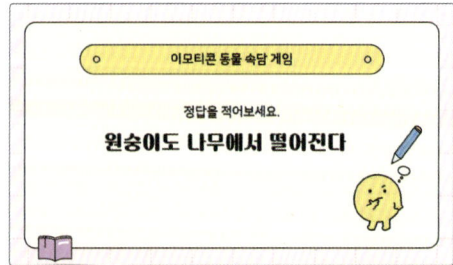

01 새 디자인을 만들고 템플릿을 적용하기

① 워크스페이스에서 [새 디자인 만들기]를 클릭한 다음 [프레젠테이션]을 클릭합니다.

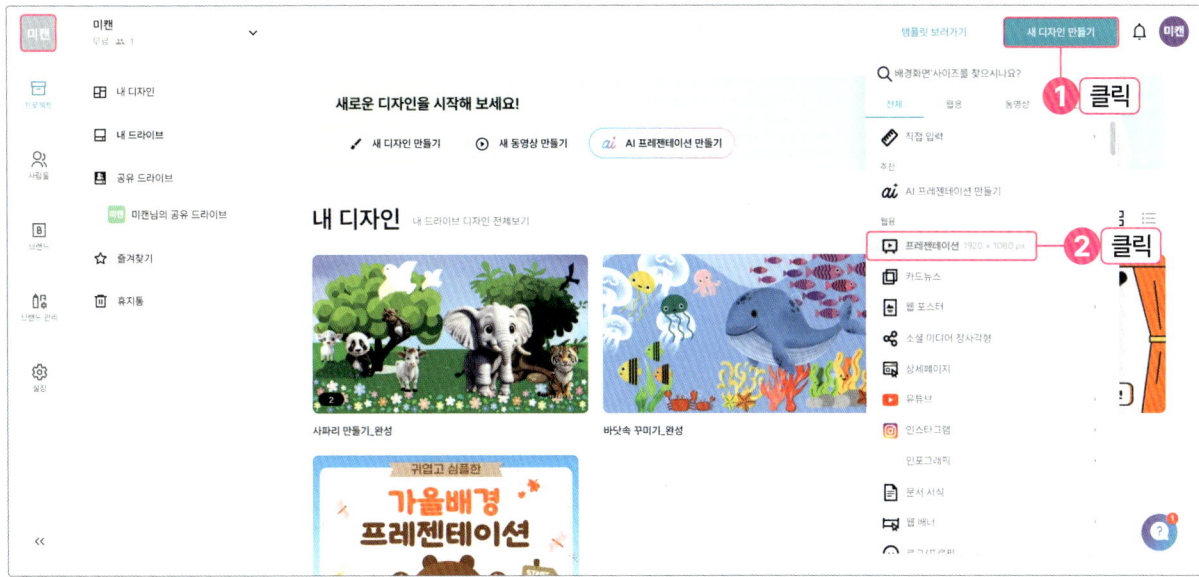

② [템플릿(▦)]을 클릭한 다음 검색 창에 "이모티콘"을 입력한 후 Enter 를 눌러 검색합니다.

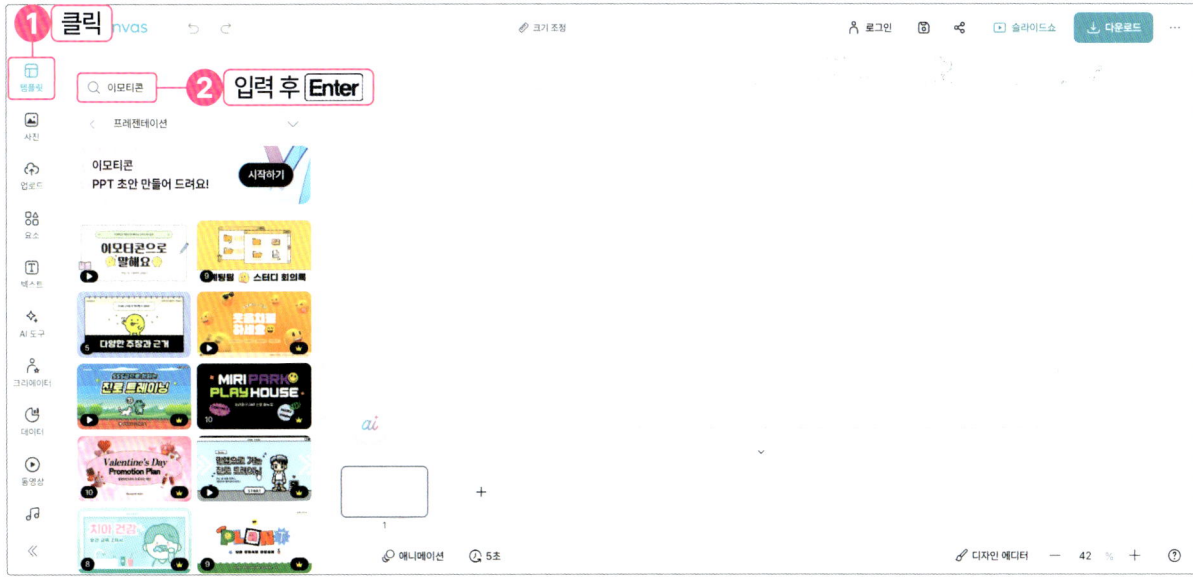

❸ '이모티콘으로 말해요' 템플릿을 클릭한 다음 두 번째 슬라이드를 클릭하여 페이지에 추가합니다.

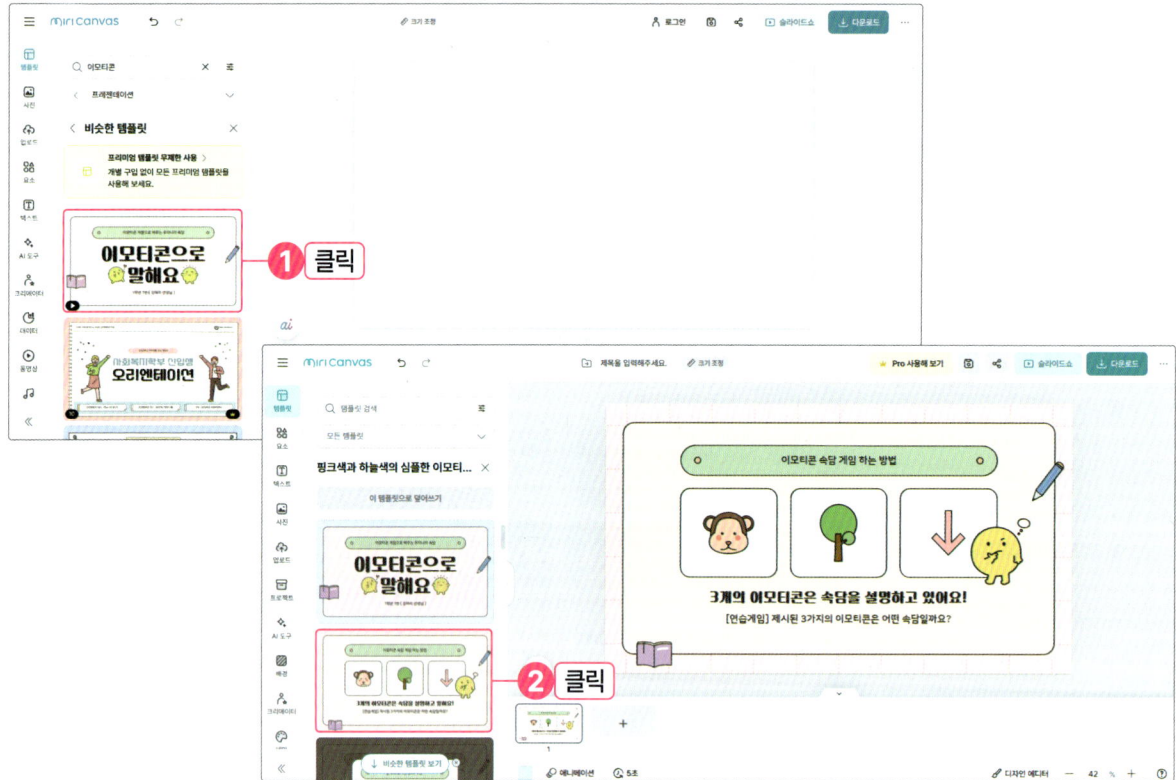

02 텍스트 및 요소 수정하기

❶ 페이지 상단의 텍스트 상자를 더블클릭한 다음 "이모티콘 동물 속담 게임"으로 수정합니다.

❷ 입력한 내용의 글자크기를 '40'으로 수정하고, [굵게(B)]를 클릭합니다.

❸ 상단의 도형을 클릭한 후 [색상( )]을 클릭한 다음 원하는 [색상(#FFEA86)]으로 변경합니다.

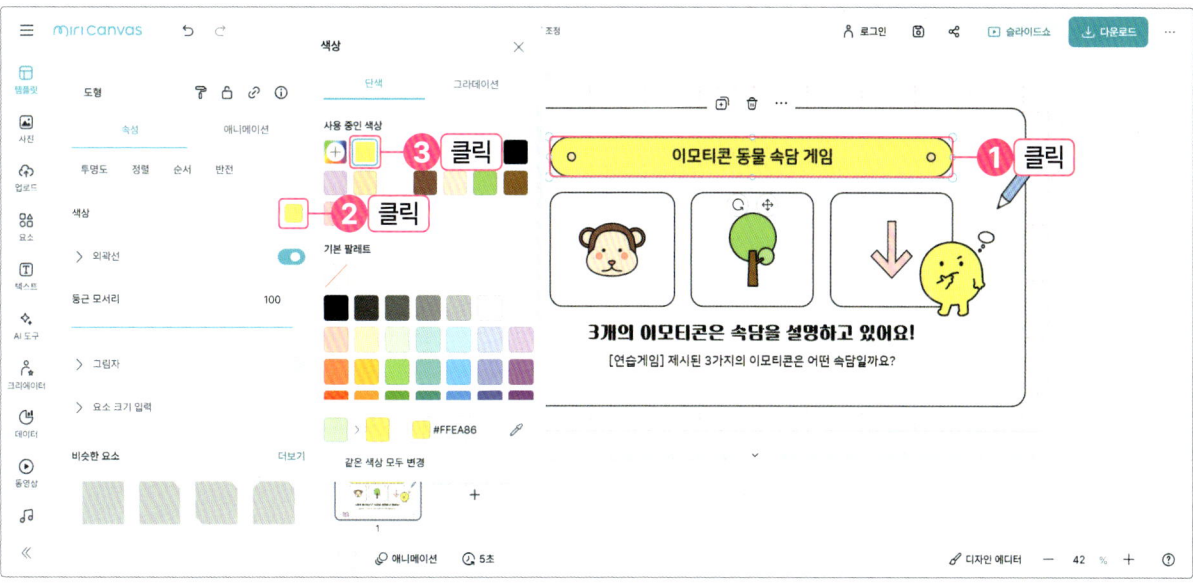

03 페이지 복제 및 수정하고 저장하기

❶ 첫 번째 페이지에 마우스를 올려 [메뉴(···)]가 나타나면 클릭한 다음 [페이지 복제]를 클릭합니다.

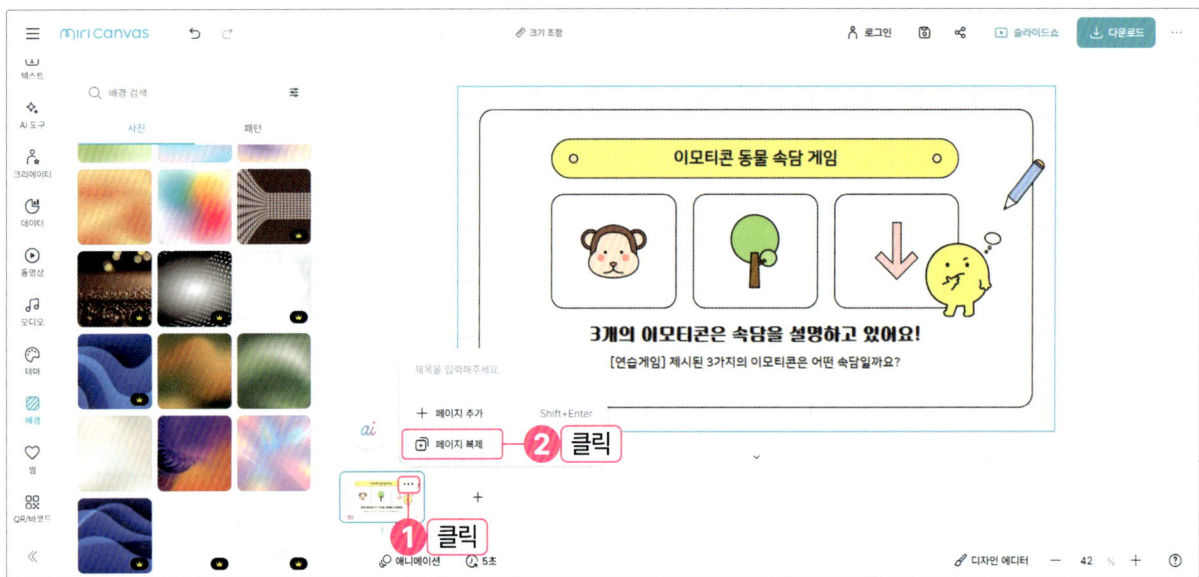

❷ 복제된 두 번째 페이지에서 '원숭이', '나무', '화살표' 요소와 작은 네모상자 3개가 포함 되도록 드래그한 다음 [삭제하기(🗑)]를 클릭하여 삭제합니다.

③ 텍스트 상자를 더블클릭한 다음 "원숭이도 나무에서 떨어진다"로 수정합니다.

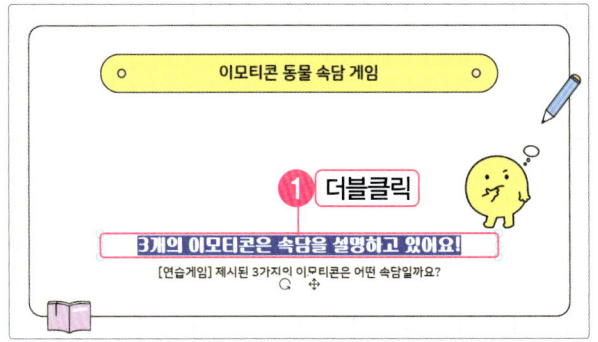
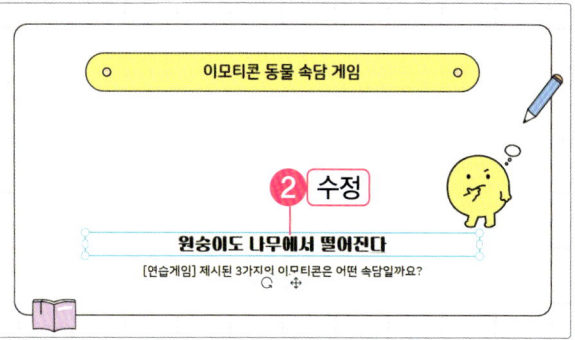

④ 입력한 텍스트의 글자크기를 '60'으로 수정합니다.

⑤ 텍스트 상자를 더블클릭한 다음 "정답을 적어보세요."로 수정한 후 글자크기를 '40'으로 수정합니다.

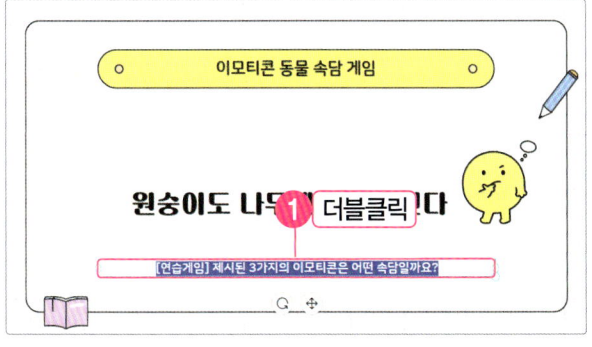
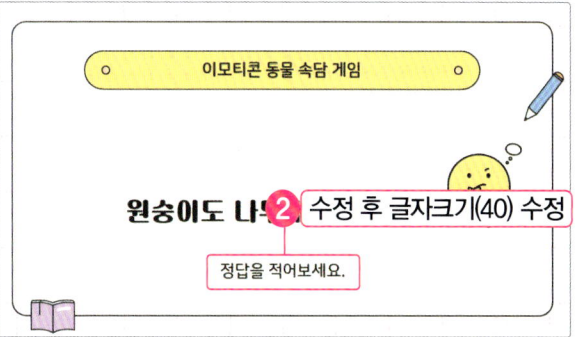

❻ 빈 곳을 클릭하여 선택을 해제한 후 텍스트상자 및 요소를 드래그하여 적절한 위치로 이동합니다.

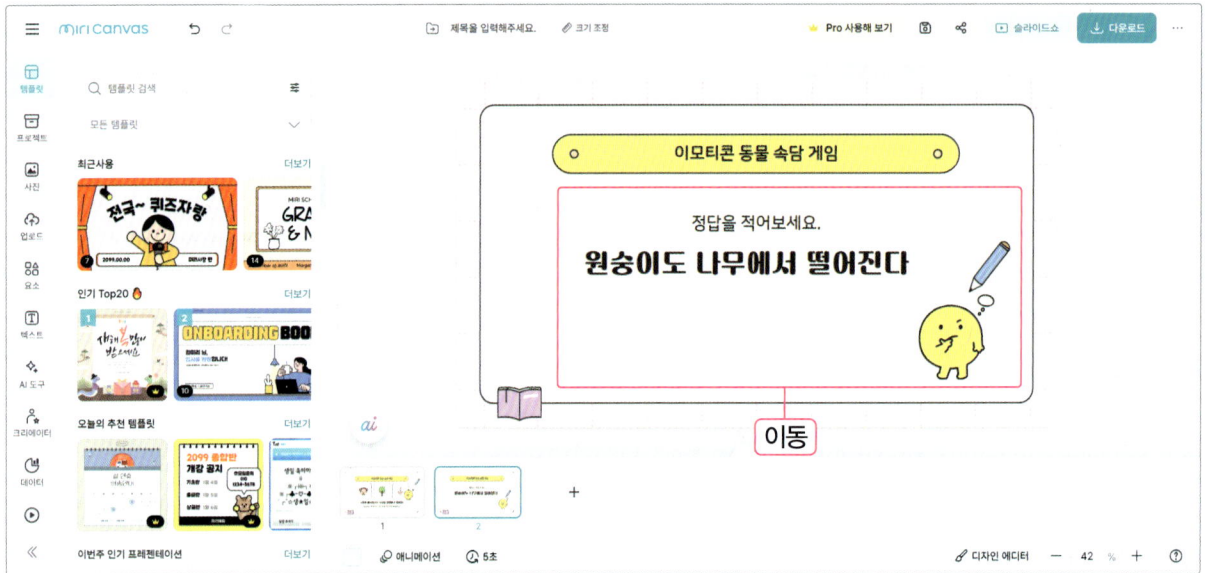

❼ 상단 도구의 [제목을 입력해주세요.]에 "이모티콘 동물 속담퀴즈_완성"을 입력 후 Enter 를 누릅니다.

❽ [다운로드(다운로드)]-[파일형식(PPTX)]-[다운로드]를 클릭하여 저장합니다.

도전! 혼자서 해결해 보아요

📁 완성된 파일 : 이모티콘 음식 속담퀴즈_완성

음식 관련 속담은 무엇이 있을까?

❖ **미션 1 :** 좌측 상단 [전체메뉴(≡)]를 클릭하여 [새 디자인 만들기]-[프레젠테이션]을 선택합니다.

❖ **미션 2 :** [템플릿]에서 '이모티콘'을 검색하여 추가하고, 음식 관련 속담 문제로 변경합니다.

❖ **미션 3 :** [페이지복제]를 클릭하고 정답페이지로 수정합니다.

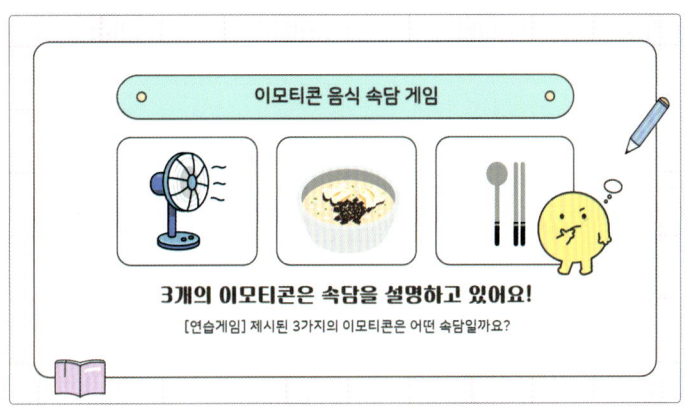

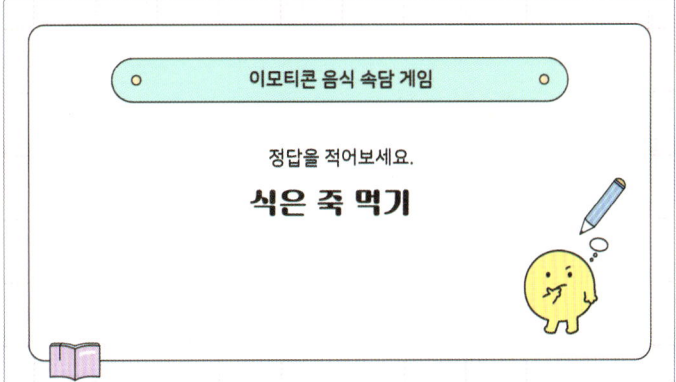

선생님의 검색어 HINT ▶ 이모티콘, 선풍기, 죽, 수저젓가락

CHAPTER **03** 이모티콘으로 말해요(속담 버전) • **025**

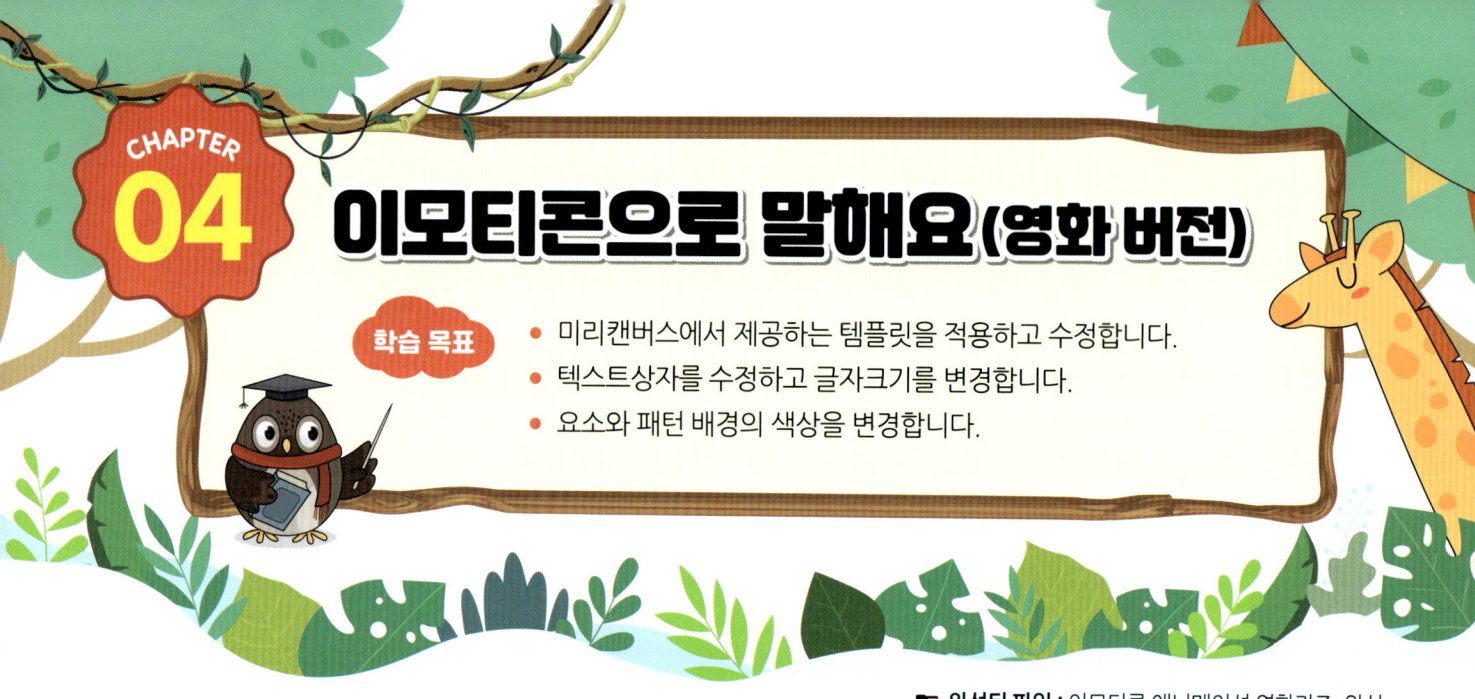

CHAPTER 04 이모티콘으로 말해요 (영화 버전)

학습 목표
- 미리캔버스에서 제공하는 템플릿을 적용하고 수정합니다.
- 텍스트상자를 수정하고 글자크기를 변경합니다.
- 요소와 패턴 배경의 색상을 변경합니다.

📕 완성된 파일 : 이모티콘 애니메이션 영화퀴즈_완성

오늘 배울 내용은?

미리캔버스에서 제공하는 템플릿을 수정하여 이모티콘으로 영화퀴즈를 만들어봅니다.

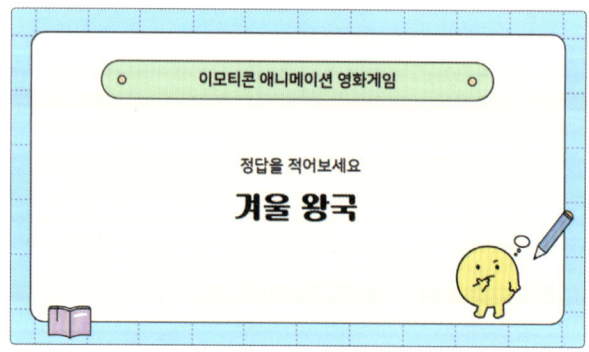

01 새 디자인을 만들고 템플릿을 적용하기

① 워크스페이스에서 [새 디자인 만들기]를 클릭한 다음 [프레젠테이션]을 클릭합니다.

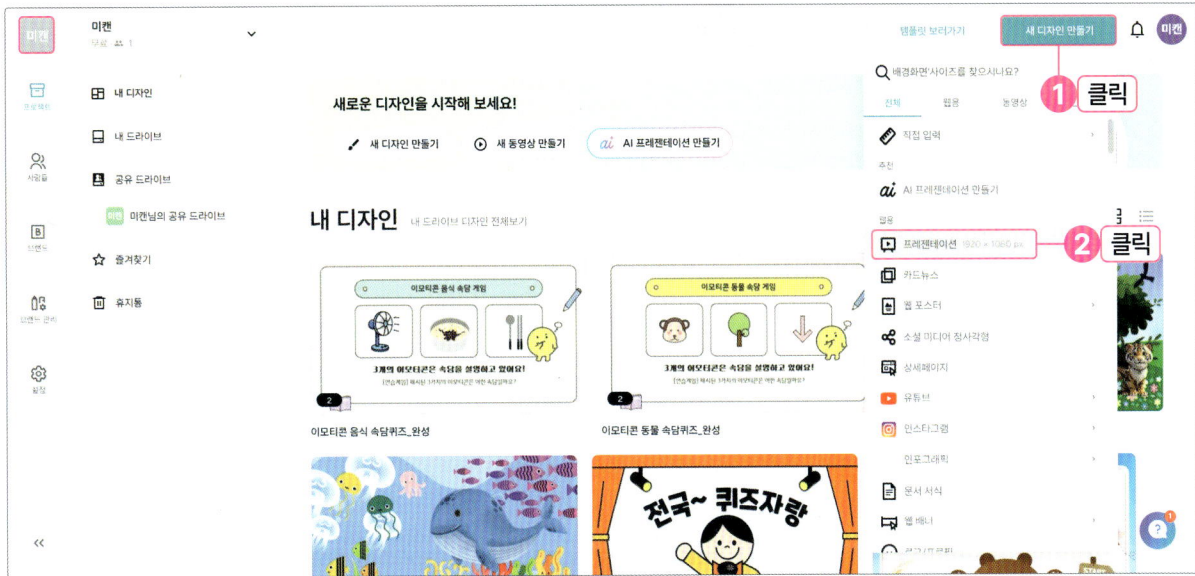

② [템플릿(□)]을 클릭한 다음 검색 창에 "이모티콘"을 입력한 후 Enter 를 눌러 검색하고 템플릿 목록에서 원하는 템플릿의 슬라이드를 페이지에 추가합니다.

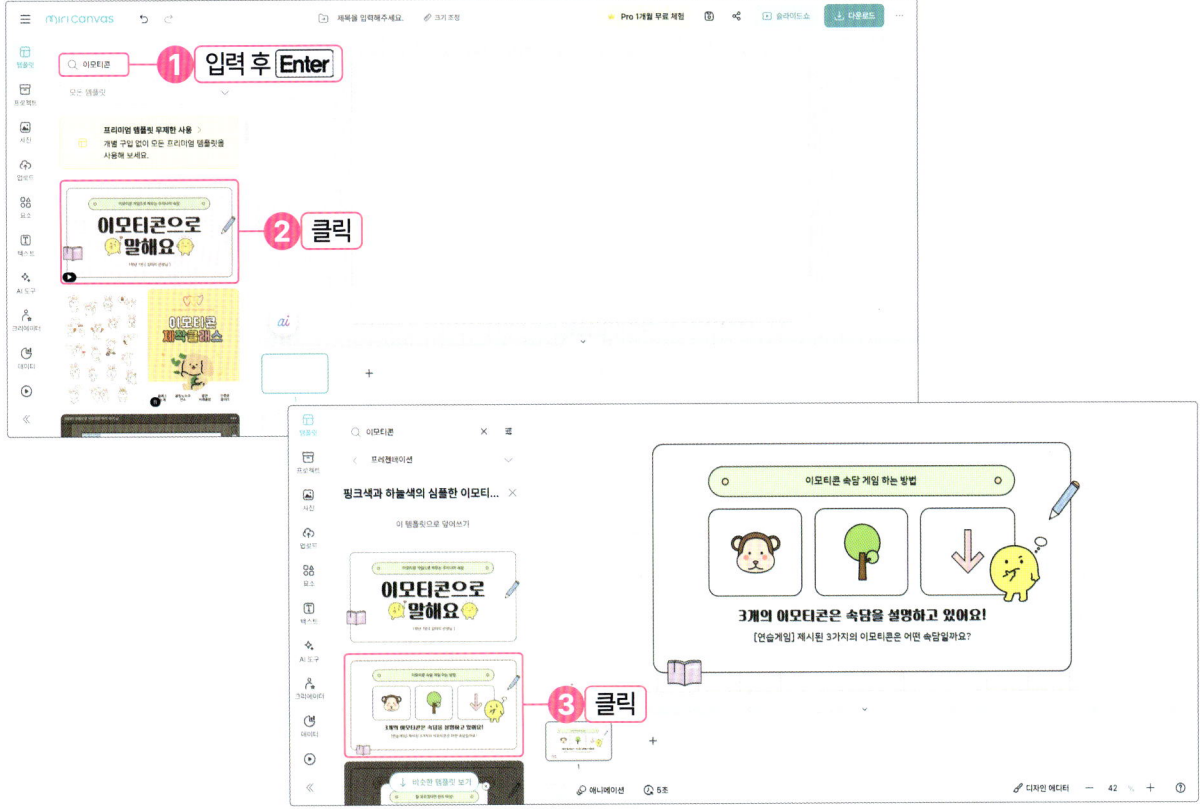

02 텍스트 및 요소 수정하기

① 페이지 상단의 텍스트상자를 더블클릭한 다음 "이모티콘 애니메이션 영화게임"으로 수정합니다.

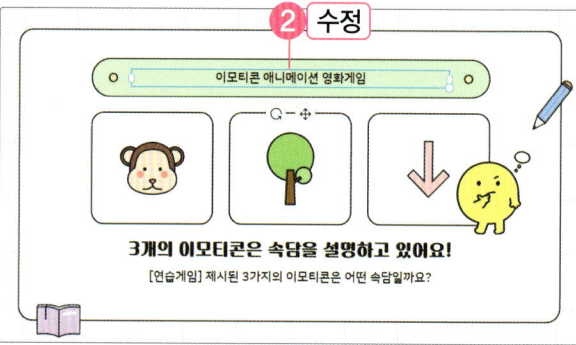

② 입력한 내용의 글자크기를 '40'으로 수정하고, [굵게(B)]를 클릭합니다.

③ [배경( )]-[패턴]-[배경 편집]을 클릭한 다음 원하는 색조합으로 배경 패턴을 변경합니다.

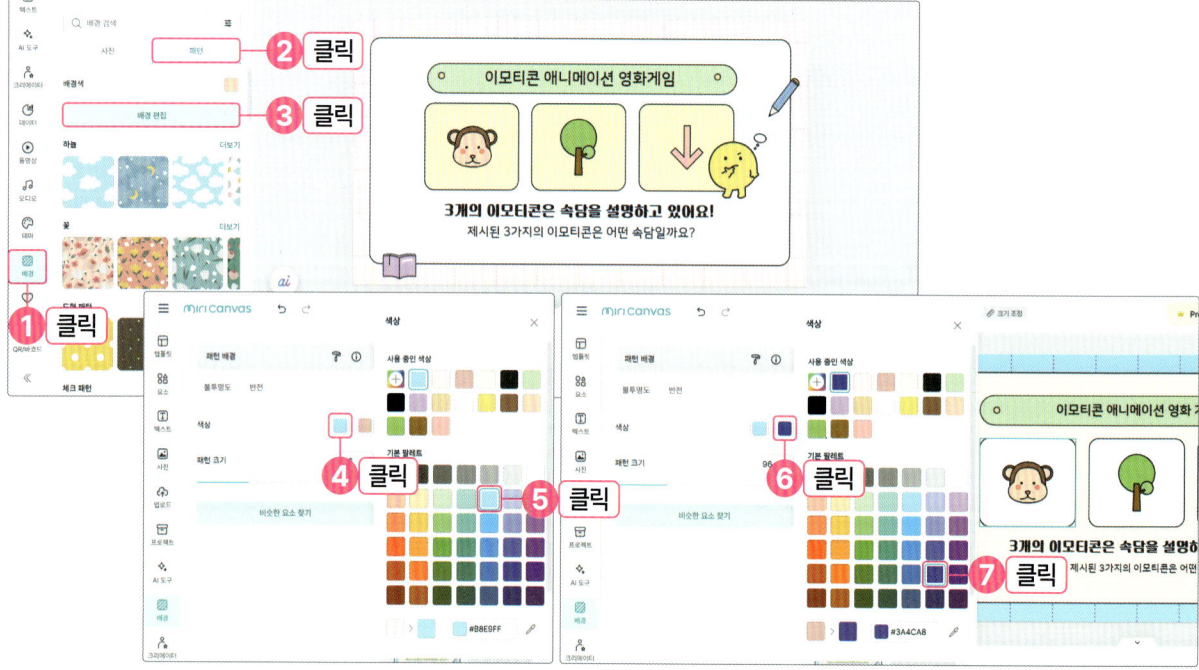

④ '원숭이', '나무', '화살표' 요소를 Shift 를 누른 상태로 각각 클릭하고 [삭제하기(🗑)]를 클릭합니다.

⑤ 문제로 표시할 영화 이미지를 생각하여 [요소(🔲)] 검색 창에 "눈사람"을 입력한 다음 Enter 를 눌러 원하는 이미지를 클릭 후 이동 및 크기를 변경합니다.
같은 방법으로 "눈꽃" 및 "왕관"을 각각 검색하여 해당 요소를 삽입한 후 이동 및 크기를 변경합니다.

⑥ 첫 번째 텍스트상자를 더블클릭한 다음 "속담을" 내용을 "영화를" 내용으로 수정합니다.

03 페이지 복제 및 수정하고 저장하기

❶ 첫 번째 페이지 위에 마우스를 올려 [메뉴(⋯)]가 나타나면 클릭 후 [페이지 복제]를 클릭합니다.

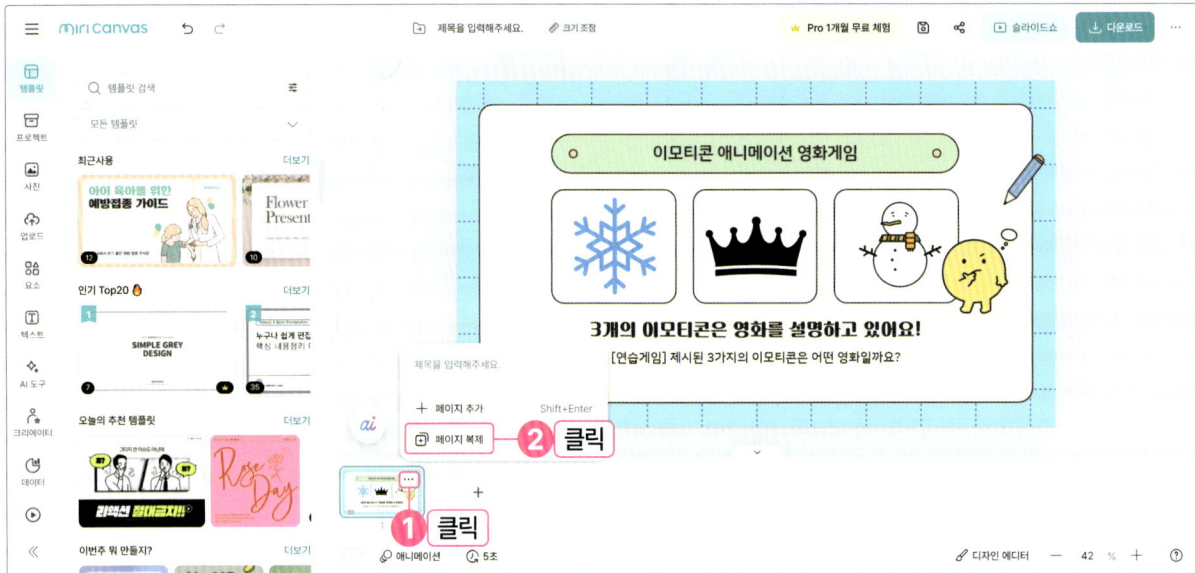

❷ 복제된 두 번째 페이지에서 '눈꽃', '왕관', '눈사람' 요소와 작은 네모상자 3개가 포함되도록 드래그한 다음 [삭제하기(🗑)]를 클릭하여 삭제합니다.

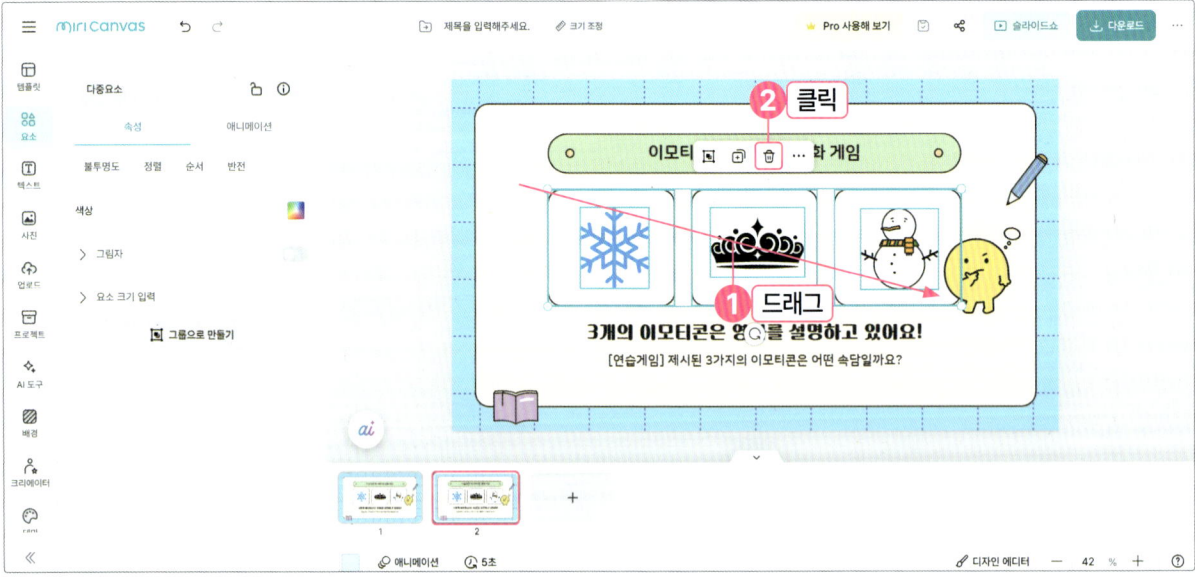

③ 첫 번째 텍스트 상자를 더블클릭한 다음 "겨울 왕국"을 입력하고 글자크기를 '70'으로 수정합니다.

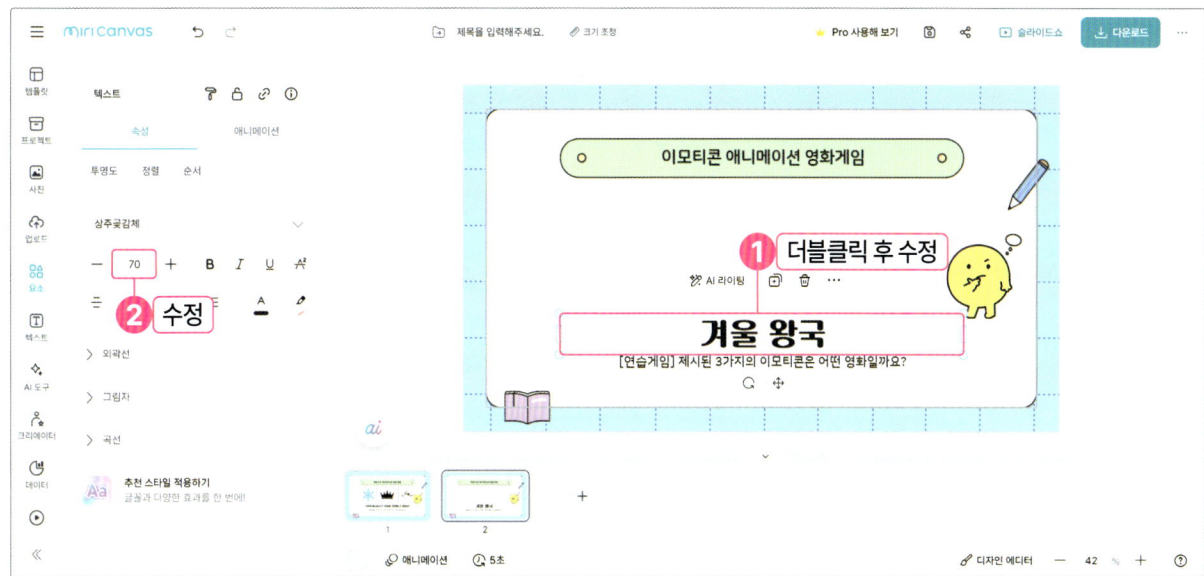

④ 두 번째 텍스트 상자를 더블클릭한 다음 "정답을 적어보세요."를 입력하고 글자크기를 '40'으로 수정합니다.

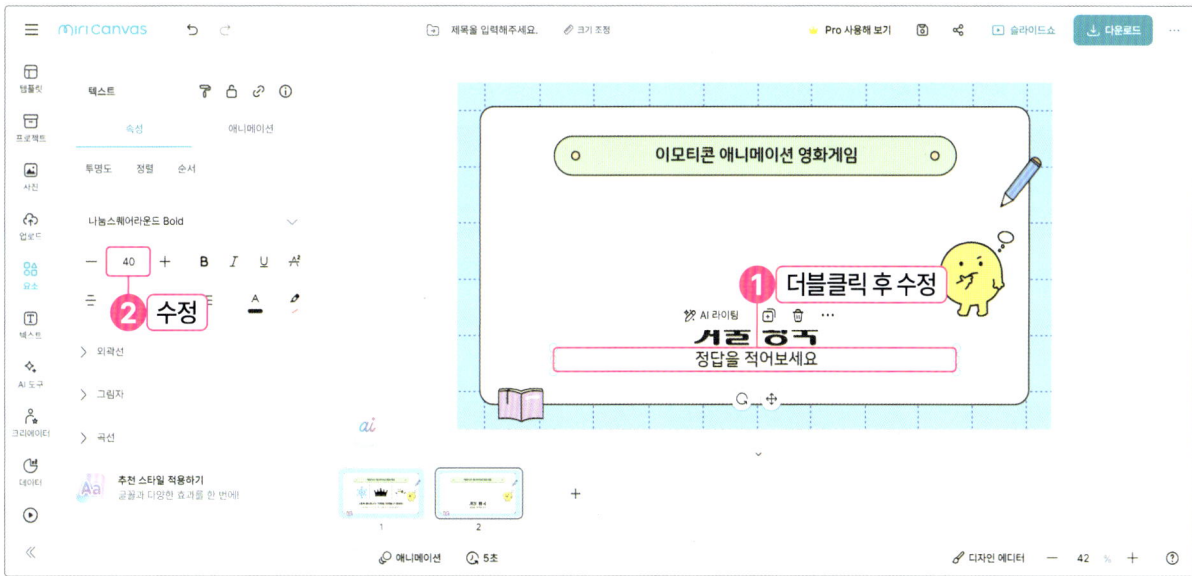

❺ 페이지의 빈 곳을 클릭한 다음 텍스트상자 및 요소를 드래그하여 적절한 위치로 이동합니다.

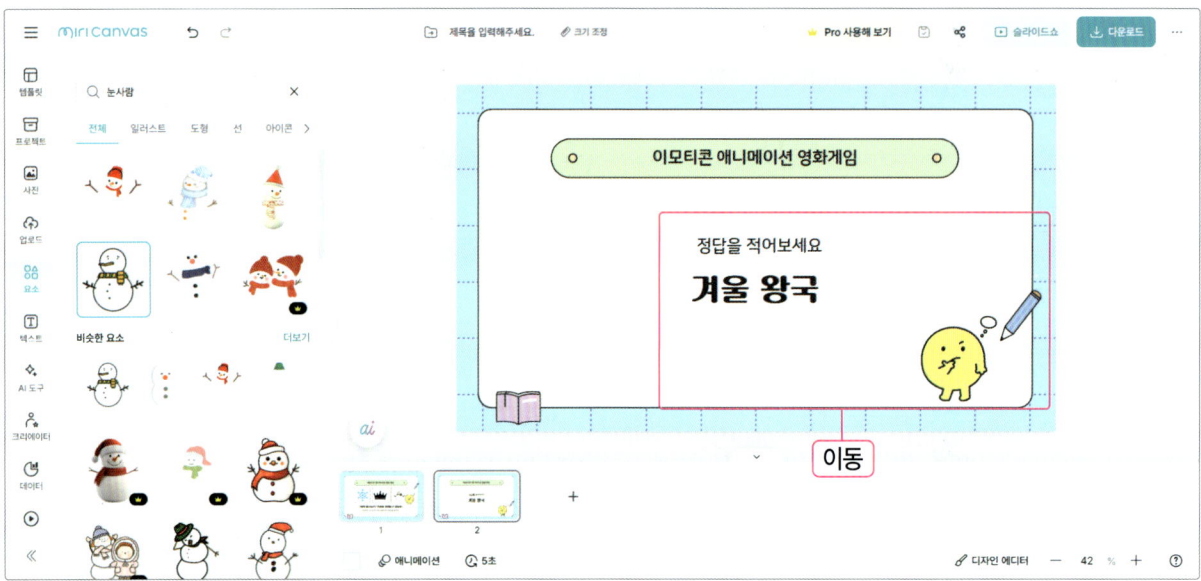

❻ 상단 도구의 [제목을 입력해주세요.]에 "이모티콘 애니메이션 영화퀴즈_완성"을 입력 후 Enter 를 누릅니다.

❼ [다운로드(다운로드)]-[파일형식(PPTX)]-[다운로드]를 클릭하여 저장합니다.

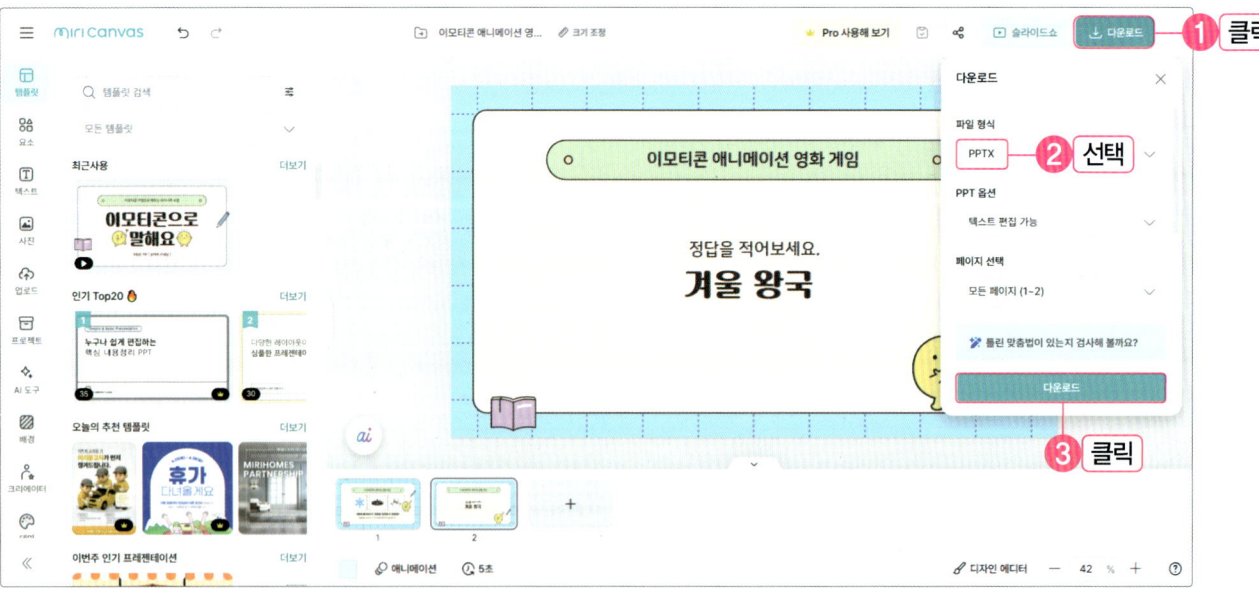

도전! 혼자서 해결해 보아요

완성된 파일 : 이모티콘 액션 영화 퀴즈_완성

액션 영화는 무엇이 있을까?

❖ **미션 1 :** 좌측 상단 [전체메뉴(≡)]를 클릭하여 [새 디자인 만들기]-[프레젠테이션]을 선택합니다.

❖ **미션 2 :** [템플릿]에서 '이모티콘'을 검색하여 추가하고, 액션영화 문제로 수정합니다.

❖ **미션 3 :** [페이지복제]를 하고 정답페이지로 수정합니다.

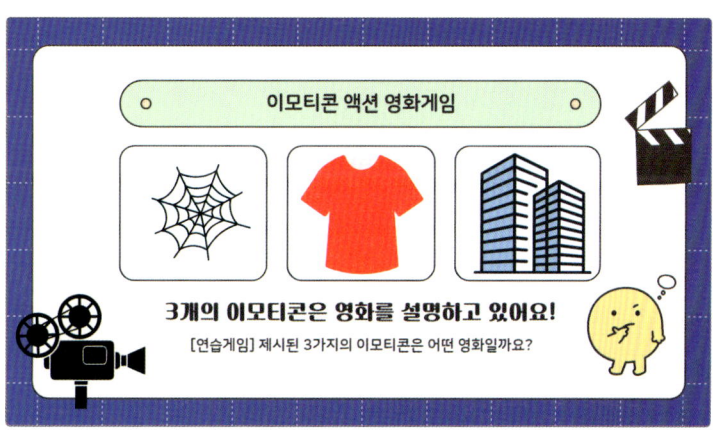

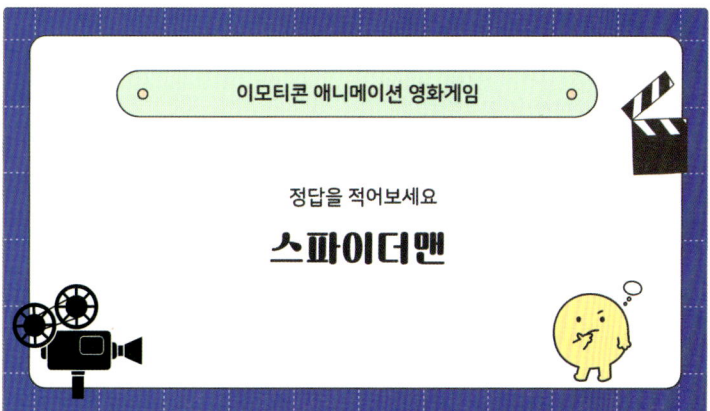

선생님의 검색어 HINT ▶ 거미줄, 빌딩, 영화, 티셔츠 (티셔츠는 흰색티의 색상을 변경)

움직이는 GIF 이모티콘

학습 목표
- 도형을 삽입하고 크기를 변경합니다.
- 스포이드를 이용하여 색상을 변경합니다.
- 여러 요소를 선택하여 그룹화합니다.
- 움직이는 GIF 파일로 저장합니다.

■ 완성된 파일 : 이모티콘 만들기_완성

오늘 배울 내용은?

미리캔버스에서 제공하는 요소를 이용하여 움직이는 GIF 이모티콘을 만들어봅니다.

01 새 디자인에 배경을 설정하기

① 워크스페이스에서 [새 디자인 만들기]를 클릭한 다음 [카드뉴스]를 클릭합니다.

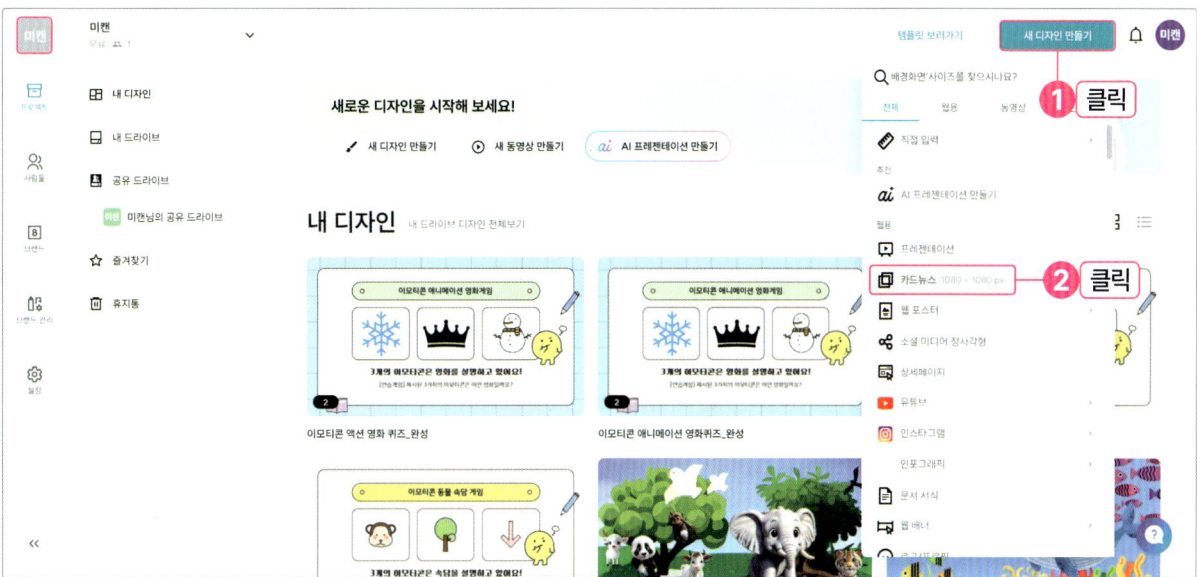

② [배경(▨)]을 클릭한 다음 검색창에 "색종이"를 입력한 후 Enter를 눌러 검색하고 원하는 배경을 클릭하여 페이지 배경으로 지정합니다.

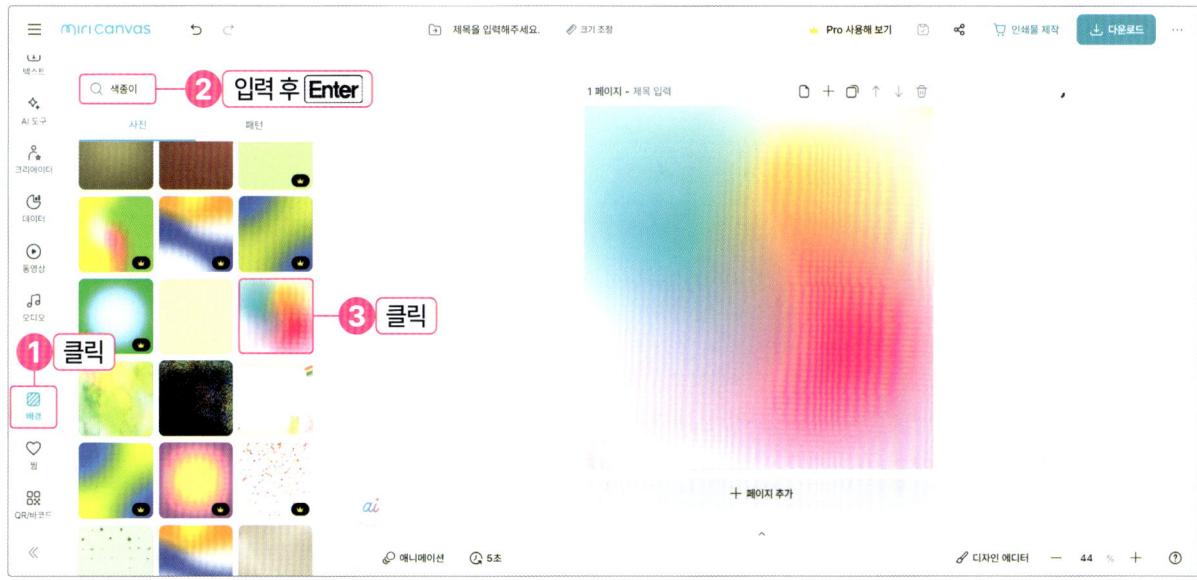

02 토끼의 표정 이모티콘 만들기

❶ [요소(⚏)]를 클릭한 다음 검색창에 "토끼"를 입력한 후 Enter 를 눌러 검색하고 원하는 요소를 클릭하여 페이지에 추가합니다.

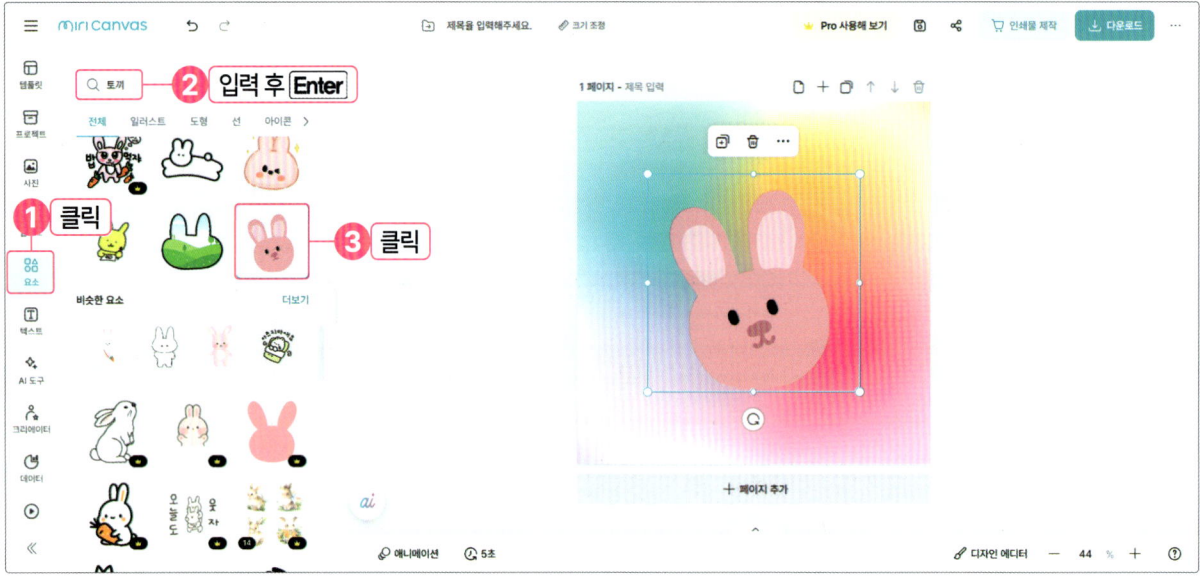

❷ [요소(⚏)] 검색창에 [닫기(×)]를 클릭한 다음 [도형]을 클릭한 후 [기본도형]-[원(●)]을 클릭합니다.

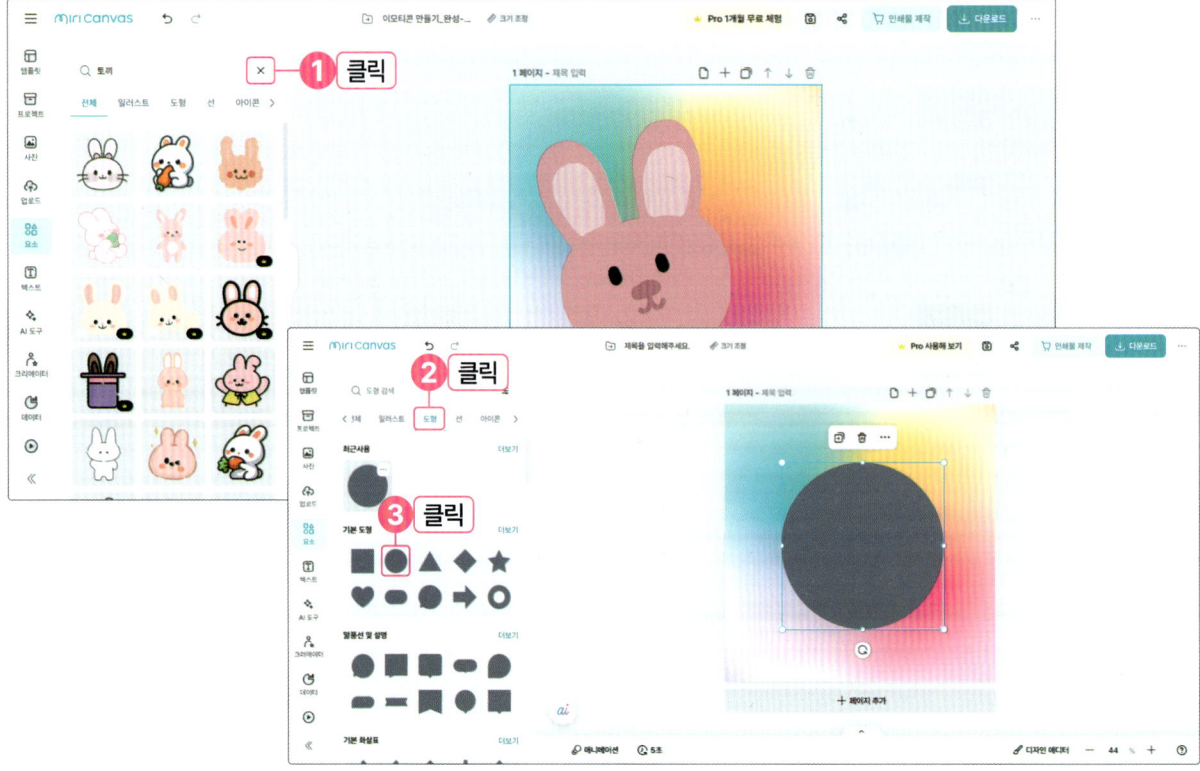

③ '원'을 옆으로 이동한 다음 [색상(■)]에서 [스포이드(🖊)]를 클릭한 후 토끼 얼굴을 클릭합니다.

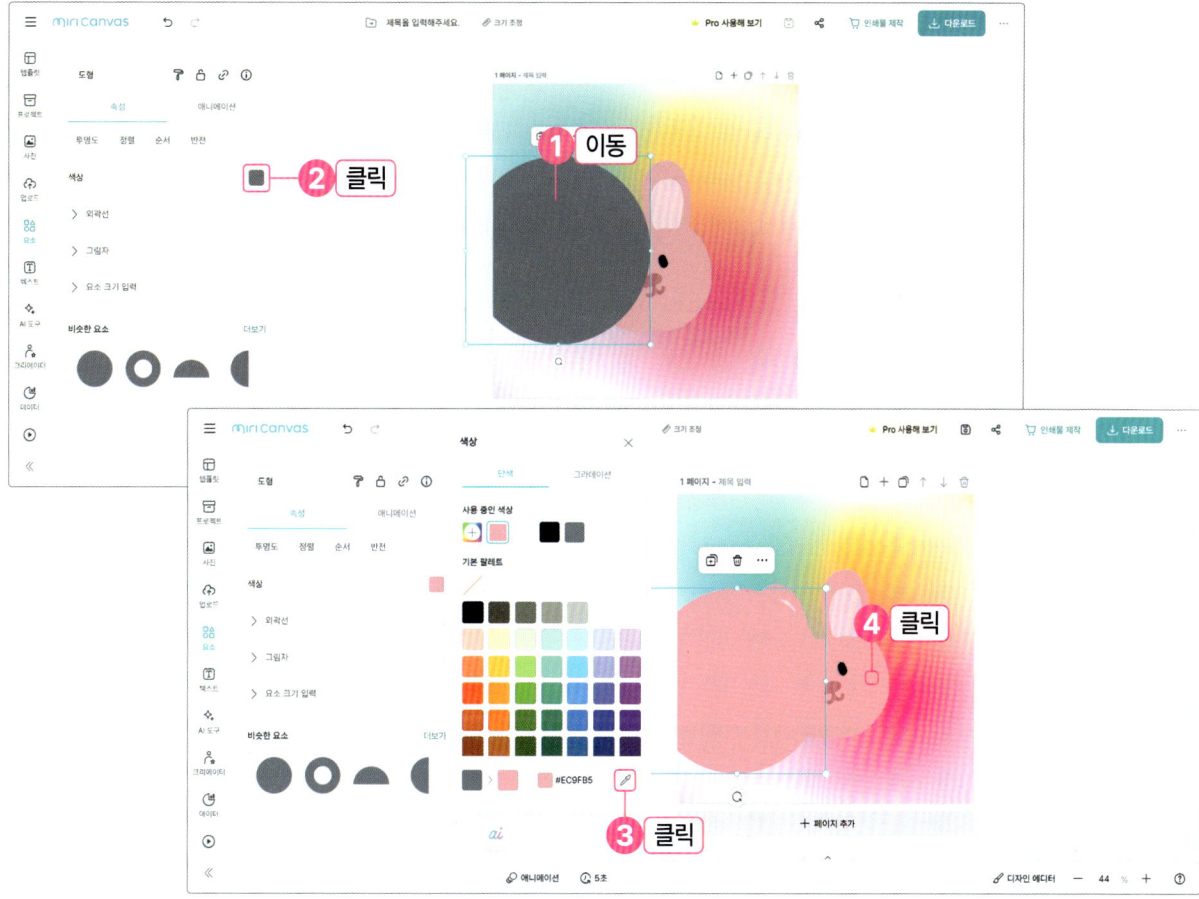

④ '원'을 이동 및 조절점(◯)을 드래그하여 눈, 코, 입이 가려지도록 크기를 줄여 얼굴 위에 놓습니다.

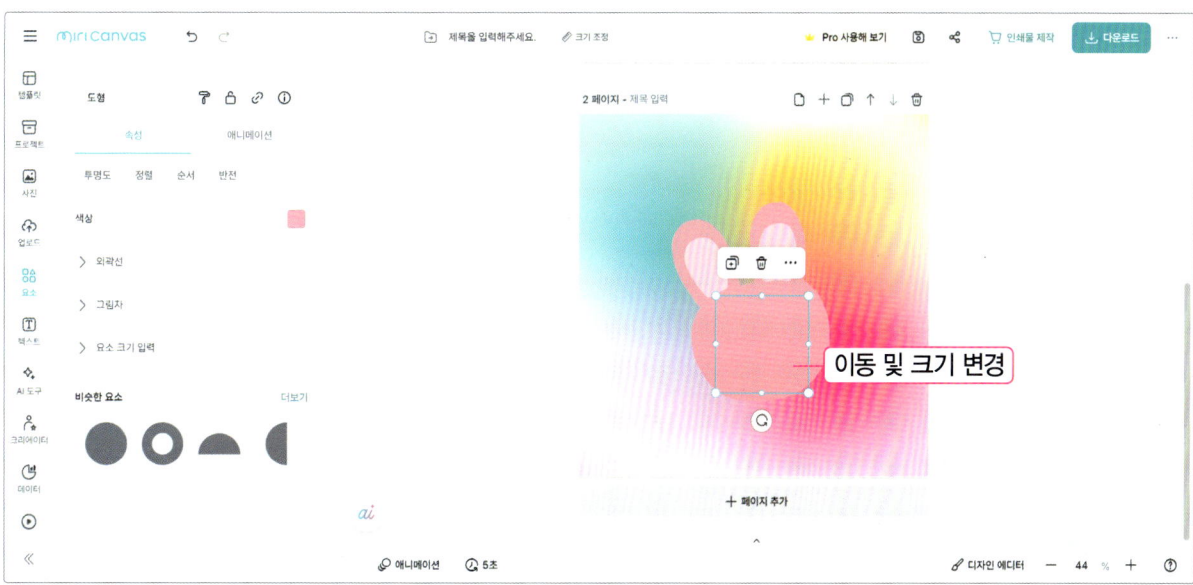

❺ [요소(🔳)]에서 [애니]를 클릭한 다음 "움직이는 윙크"를 입력한 후 Enter 를 눌러 검색하고 원하는 요소를 클릭하여 페이지에 추가합니다.

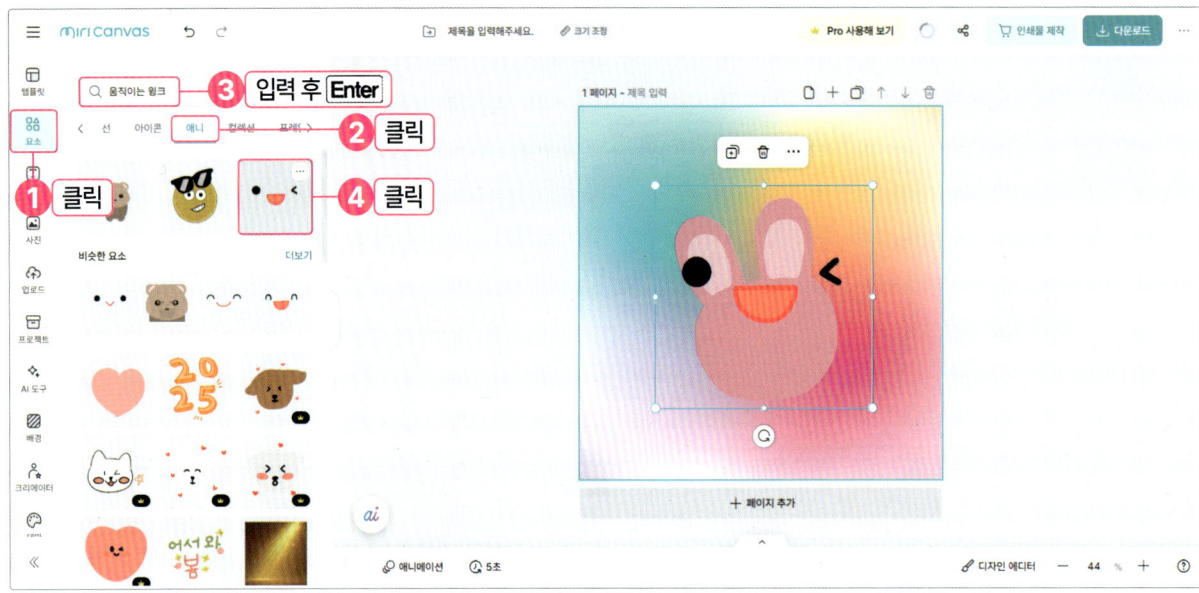

❻ '움직이는 윙크' 요소를 이동 및 조절점(⊙)을 드래그하여 크기를 줄이고 회전(↻)을 드래그하여 얼굴과 맞게 배치합니다.

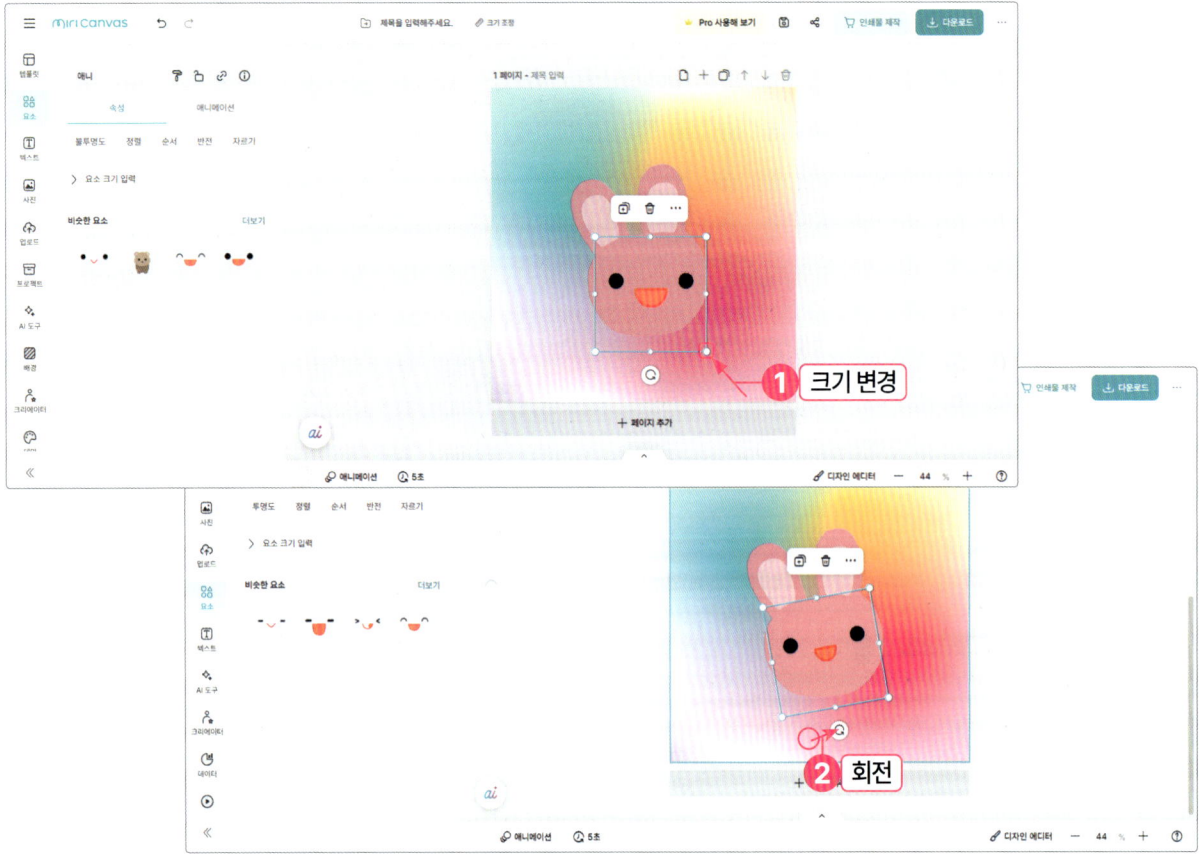

❼ 마우스를 그림과 같이 모든 요소가 선택 되도록 빈 공간에서 드래그하여 모두 선택한 다음 [그룹(🔲)]을 클릭합니다.

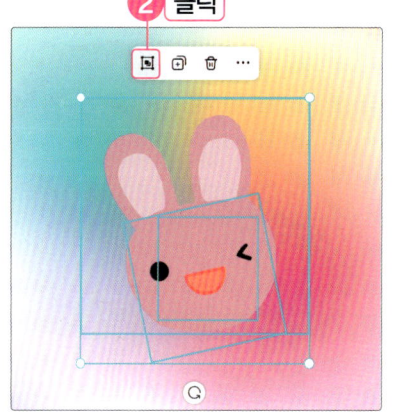

❽ 하나의 그룹이 된 토끼를 클릭한 다음 조절점(⭕)을 드래그하여 크기를 변경합니다.

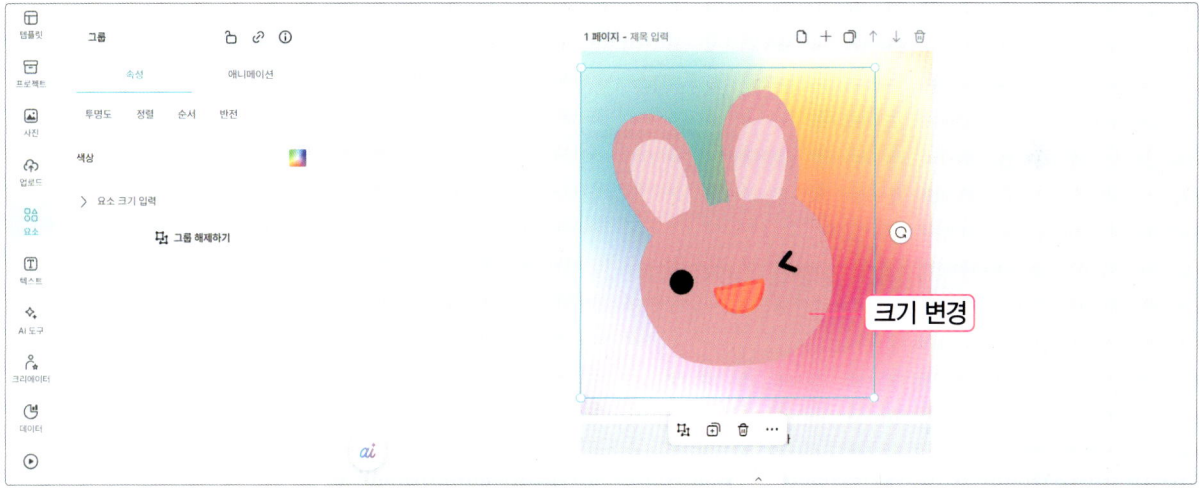

❾ [요소(🔳)]에서 "움직이는 하트"를 입력한 후 Enter 를 눌러 검색하고 원하는 요소를 클릭하여 추가합니다. 같은 방법으로 "반짝이"를 통해 원하는 요소를 추가한 후 이동 및 크기를 변경합니다.

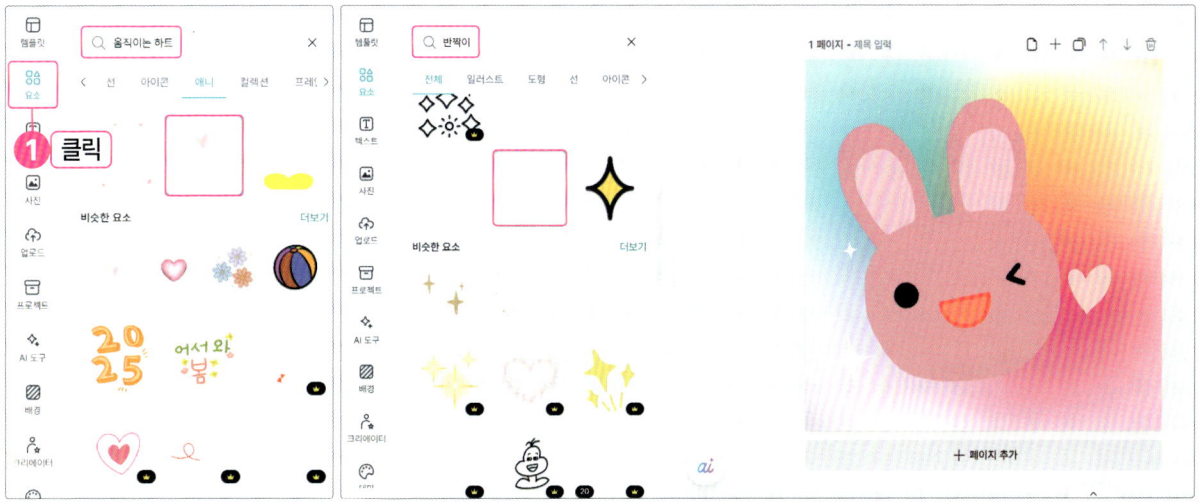

03 움직이는 GIF 파일로 저장하기

① 상단 도구의 [제목을 입력해주세요.]에 "이모티콘 만들기_완성"을 입력 후 Enter 를 누릅니다.

② [다운로드(다운로드)]-[파일형식(GIF)]-[다운로드]를 클릭하여 저장합니다.

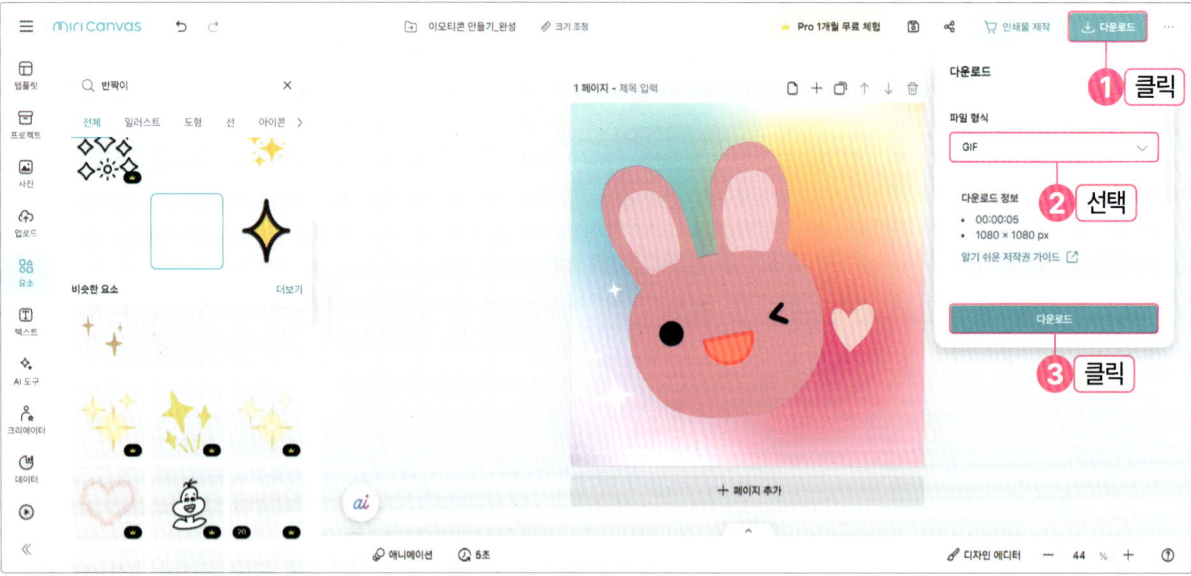

도전! 혼자서 해결해 보아요

■ 완성된 파일 : 트리 전구 불켜기_완성

▶ 트리에 전구를 달아볼까?

❖ **미션 1 :** 좌측 상단 [전체메뉴(≡)]를 클릭하여 [새 디자인 만들기]-[카드뉴스]를 선택합니다.

❖ **미션 2 :** [요소]에서 '소나무'를 검색하여 추가합니다.

❖ **미션 3 :** [요소]에서 '트리전구', '별' 등을 추가하여 트리를 꾸미고 그룹화합니다.

선생님의 검색어 HINT ▷ 소나무, 트리전구, 별, 리본, 산타양말, 종

CHAPTER 06 종합 활동 문제

학습 목표
- 새로운 디자인을 스스로 만듭니다.
- 다양한 배경과 요소를 이용하여 작품을 만듭니다.

📁 완성된 파일 : 챕터6 자유작품_완성

메모지 만들기

완성

선생님의 검색어 HINT ▶ 손그림, 꽃, 색연필줄, 둥근모서리사각형, 사각형, 반짝손그림, 음표

따라하기!

❶ 프레젠테이션으로 새 디자인 만들기합니다.
❷ 요소의 도형을 추가하고 색상을 변경합니다.
❸ 요소에서 손그림, 꽃, 색연필줄, 음표 등을 검색하여 추가합니다.
❹ 색상을 변경하고 알맞게 배치합니다.
❺ 완성된 작품은 저장하고 다운로드합니다.

042 • 미리캔버스

📁 완성된 파일 : 챕터6 자유작품2_완성

동물들만 사는 세상은?

선생님의 검색어 HINT ▷ 귀여운동물, 나무, 새, 동산

❶ 프레젠테이션으로 새 디자인 만들기합니다.
❷ 배경에서 동산을 검색하여 적용합니다.
❸ 요소에서 귀여운동물, 나무, 새 등 을 검색하여 추가합니다.
❹ 추가된 요소의 크기를 변경하고 배치합니다.
❺ 완성된 작품은 저장하고 다운로드합니다.

CHAPTER 06 종합 활동 문제 • 043

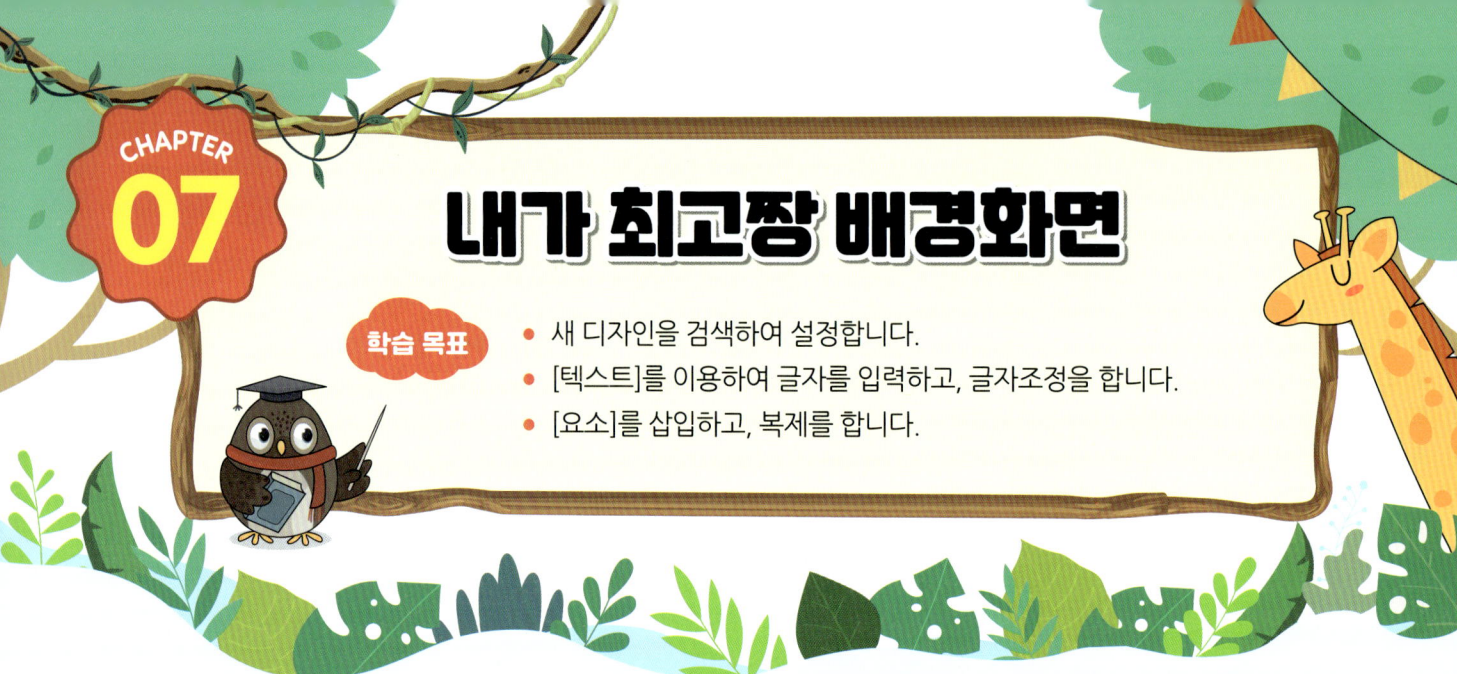

CHAPTER 07 내가 최고짱 배경화면

학습 목표
- 새 디자인을 검색하여 설정합니다.
- [텍스트]를 이용하여 글자를 입력하고, 글자조정을 합니다.
- [요소]를 삽입하고, 복제를 합니다.

📁 완성된 파일 : 컴퓨터 배경화면 만들기_완성

오늘 배울 내용은?

미리캔버스에서 제공하는 배경과 이미지를 이용하여 나만의 컴퓨터 배경화면을 만들어봅니다.

  마음에 드는 요소의 비슷한 요소를 더 보고 싶을 때는 비슷한 요소 [더보기] 버튼을 클릭합니다.

01 새 디자인에 배경을 설정하기

① 워크스페이스에서 [새 디자인 만들기]를 클릭한 다음 검색창에 "배경화면"을 입력한 후 Enter 를 눌러 검색하고 [(16:9) PC]를 클릭합니다.

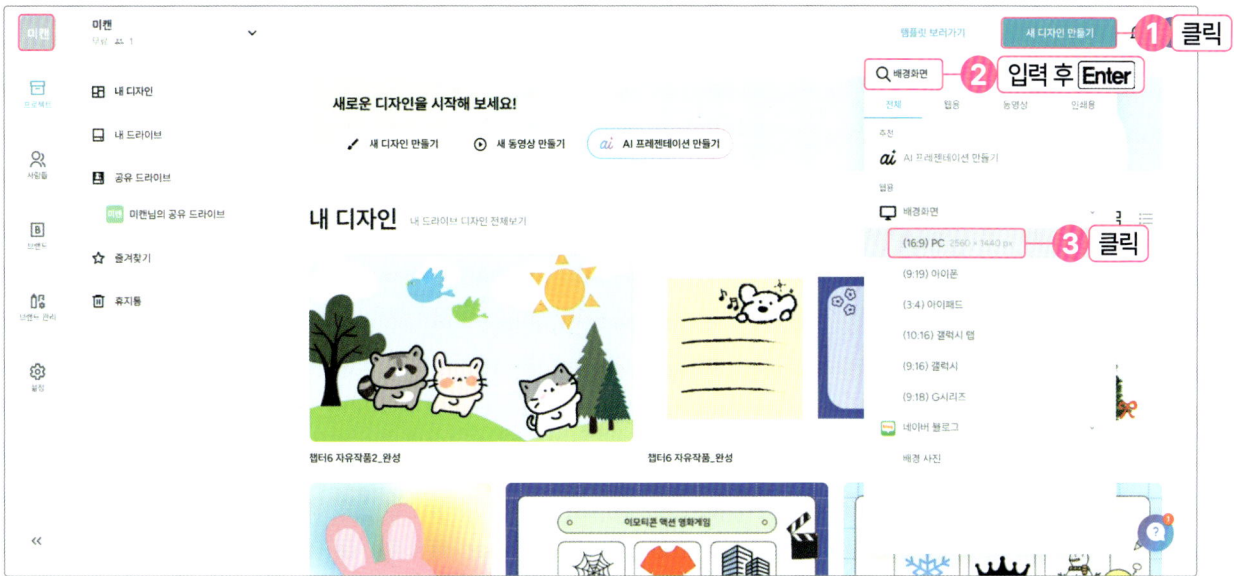

② [배경(◩)]-[패턴]을 클릭 후 [체크패턴]의 [더보기]를 클릭한 다음 원하는 체크 패턴을 클릭합니다.

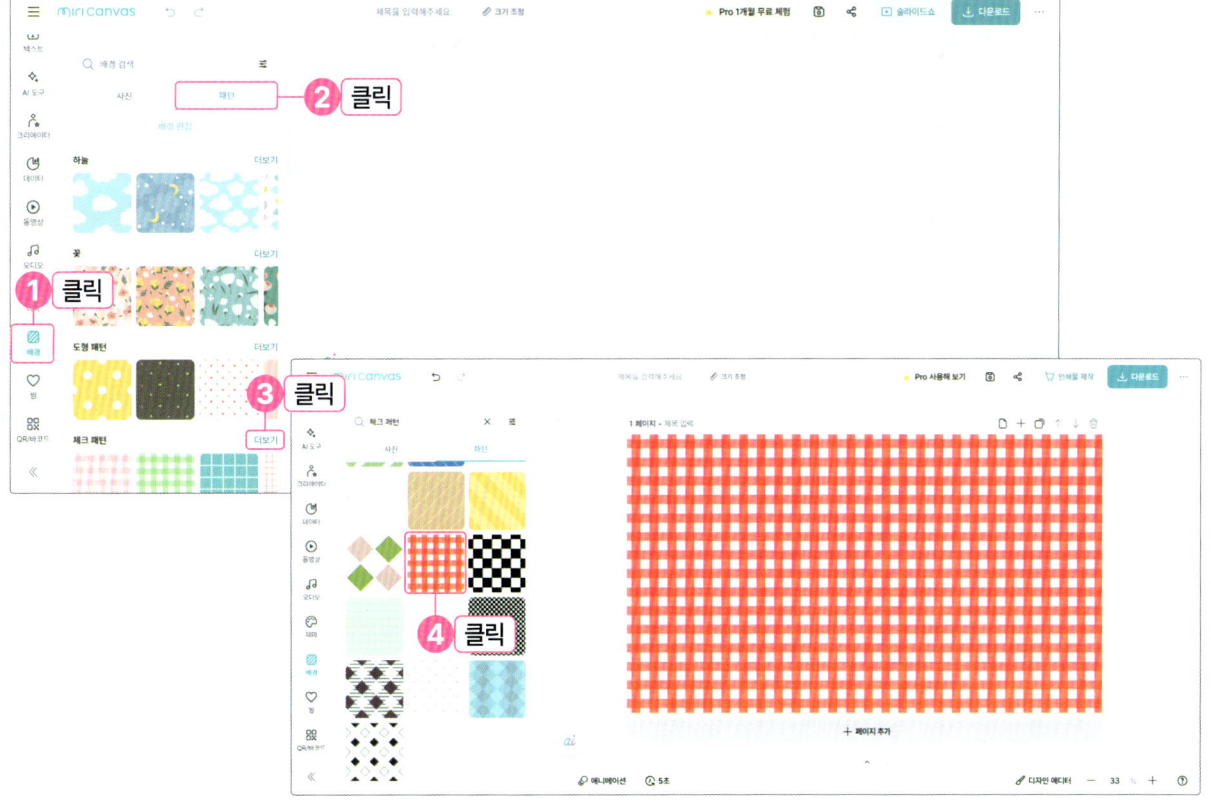

③ [색상(■)]을 클릭한 다음 [색상] 대화상자에서 원하는 색상값(#C5CDF5)을 입력하여 색상을 변경합니다.

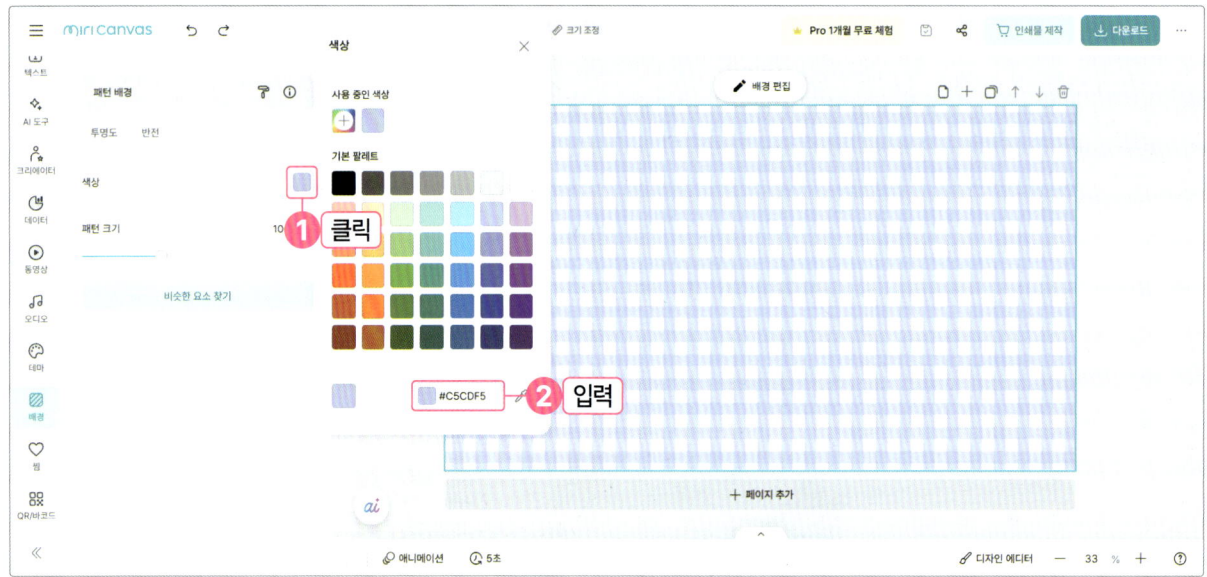

선생님 TIP 색상의 변경은 기본 팔레트 목록에서 선택 및 직접 조명(+)을 클릭 후 원하는 색을 선택하거나 색상값을 직접 입력하여 변경할 수 있습니다.

02 다양한 요소로 배경화면 꾸미기

① [요소()]의 검색 창에 "곰돌이 캐릭터"를 입력한 다음 Enter 를 누릅니다. 검색 목록에서 원하는 이미지를 클릭한 후 삽입한 이미지를 이동 및 조절점(○)을 드래그하여 크기를 변경합니다.

 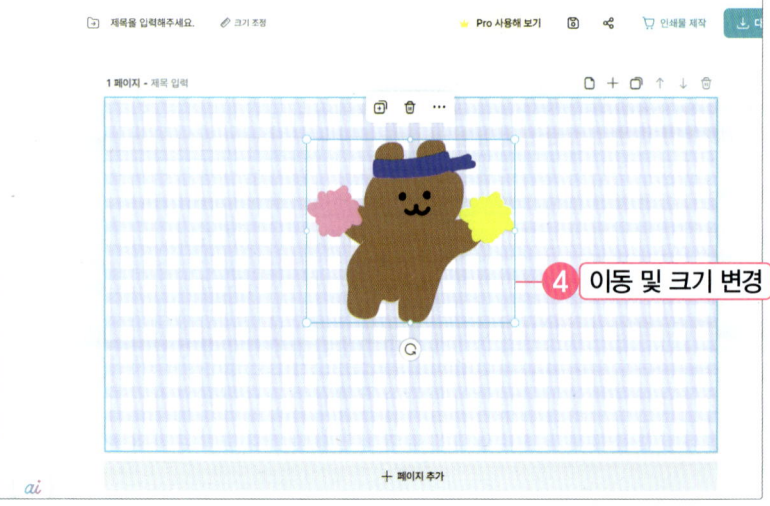

046 · 미리캔버스

❷ [요소(📦)] 검색 창에 "귀여운 말풍선"을 입력한 다음 Enter 를 누릅니다. 검색 목록에서 원하는 이미지를 클릭한 후 이동 및 조절점(🔍)을 드래그하여 크기를 변경합니다.

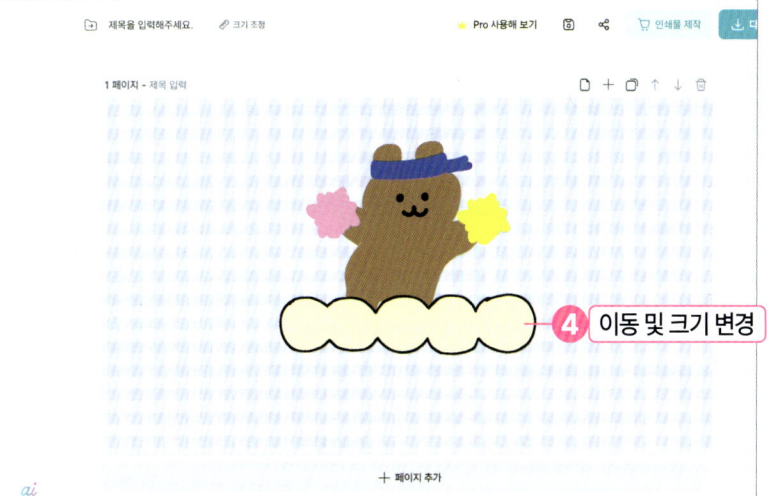

03 텍스트 추가하기

❶ [텍스트(T)]-[제목 텍스트 추가]를 클릭한 다음 "내가최고짱"을 입력합니다.

❷ 글꼴 서체의 변경을 위해 [글꼴(프리텐다드 Black)]을 클릭한 후 [어비 세현체]를 선택합니다.

❸ 텍스트상자의 조절점( )을 드래그하여 크기를 변경합니다.

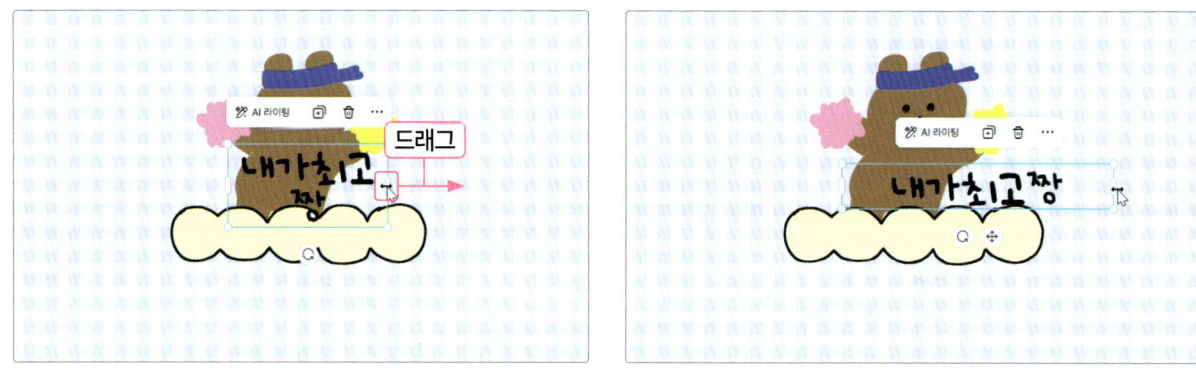

❹ 텍스트 상자의 글자를 한 글자씩 드래그하여 [글자색( )]에서 아래 그림과 같이 글자색(임의 지정)을 변경합니다.

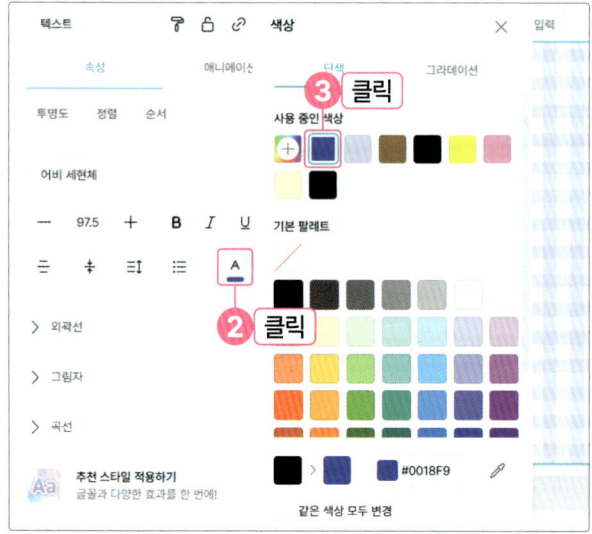

❺ 색상이 변경된 텍스트상자를 드래그하여 말풍선 위로 이동한 다음 [글자크기(110)]를 수정하고, [글자조정(≣|)]을 클릭한 후 도형 안에 맞게 자간을 드래그하여 수정합니다.

04 빈 공간 꾸미고 저장하기

❶ [요소(옳)]를 클릭한 후 검색 창에 "네잎클로버"를 검색한 후 원하는 이미지를 클릭하여 삽입합니다.

❷ 추가된 이미지를 이동 및 조절점(🔘)을 드래그하여 크기를 변경한 다음 마우스 오른쪽 단추를 눌러 [복제(📋 복제)]를 클릭합니다. 같은 방법으로 클로버를 복제하여 원하는 위치에 배치합니다.

❸ 상단 도구의 [제목을 입력해주세요.]에 "컴퓨터 배경화면 만들기_완성"을 입력 후 Enter 를 누릅니다.

❹ [다운로드(⬇ 다운로드)]-[파일형식(JPG(인쇄용))]-[다운로드]를 클릭하여 저장합니다.

050 • 미리캔버스

도전! 혼자서 해결해 보아요

CHAPTER 07

📁 **완성된 파일** : 휴대폰 배경화면 만들기_완성

🔷 나만의 특별한 핸드폰 배경화면도 만들어볼까?

❖ **미션 1 :** 좌측 상단 [전체메뉴(☰)]를 클릭하여 [새 디자인 만들기]-[배경화면]-[갤럭시](또는 [아이폰])를 선택합니다.

❖ **미션 2 :** [배경]을 클릭하고 원하는 배경 패턴을 선택합니다.

❖ **미션 3 :** [요소]를 추가하고, [텍스트]를 이용하여 문구도 추가합니다.

선생님의 검색어 HINT ▶ 귀여운 손그림, 글꼴: HS여름물빛

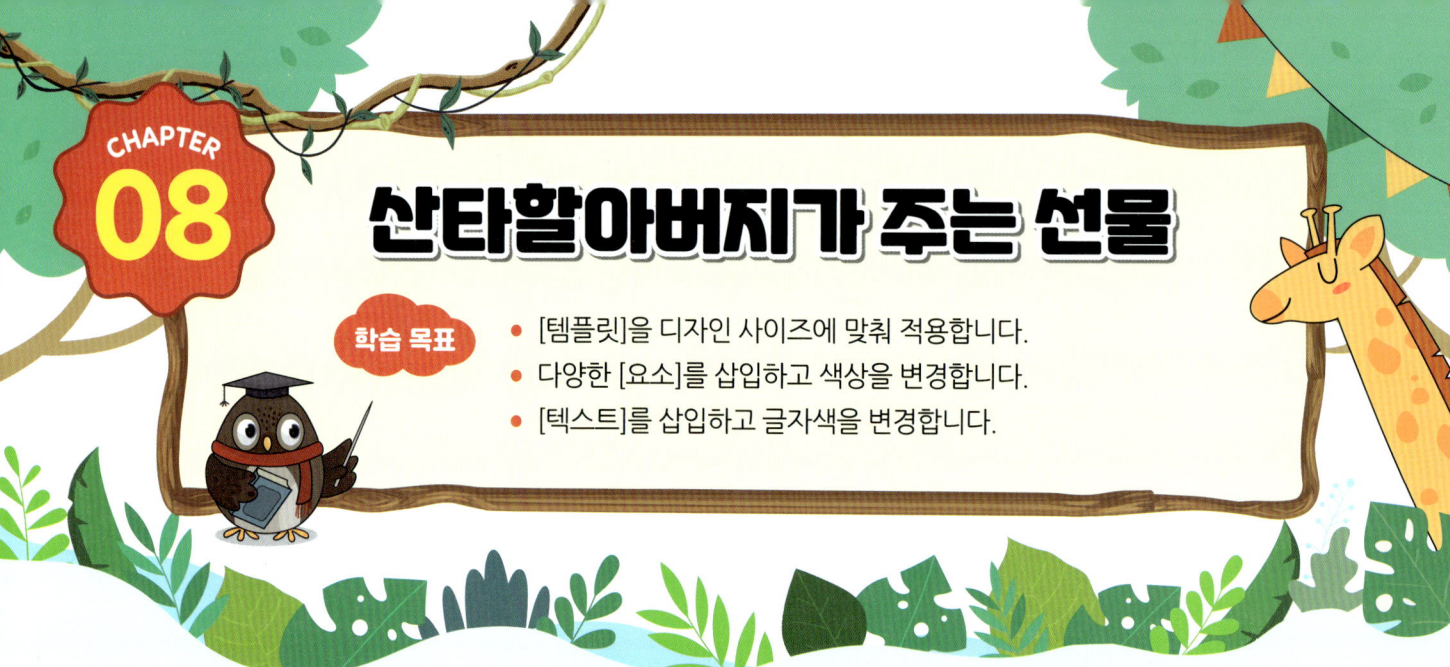

CHAPTER 08 산타할아버지가 주는 선물

학습 목표
- [템플릿]을 디자인 사이즈에 맞춰 적용합니다.
- 다양한 [요소]를 삽입하고 색상을 변경합니다.
- [텍스트]를 삽입하고 글자색을 변경합니다.

■ 완성된 파일 : 산타할아버지 선물_완성

오늘 배울 내용은?

미리캔버스에서 제공하는 이미지를 이용해서
크리스마스에 산타할아버지한테 받고 싶은 선물 목록을 만들어보세요.

01 새 디자인에 배경을 설정하기

① 워크스페이스에서 [새 디자인 만들기]를 클릭한 다음 [프레젠테이션]을 클릭합니다.

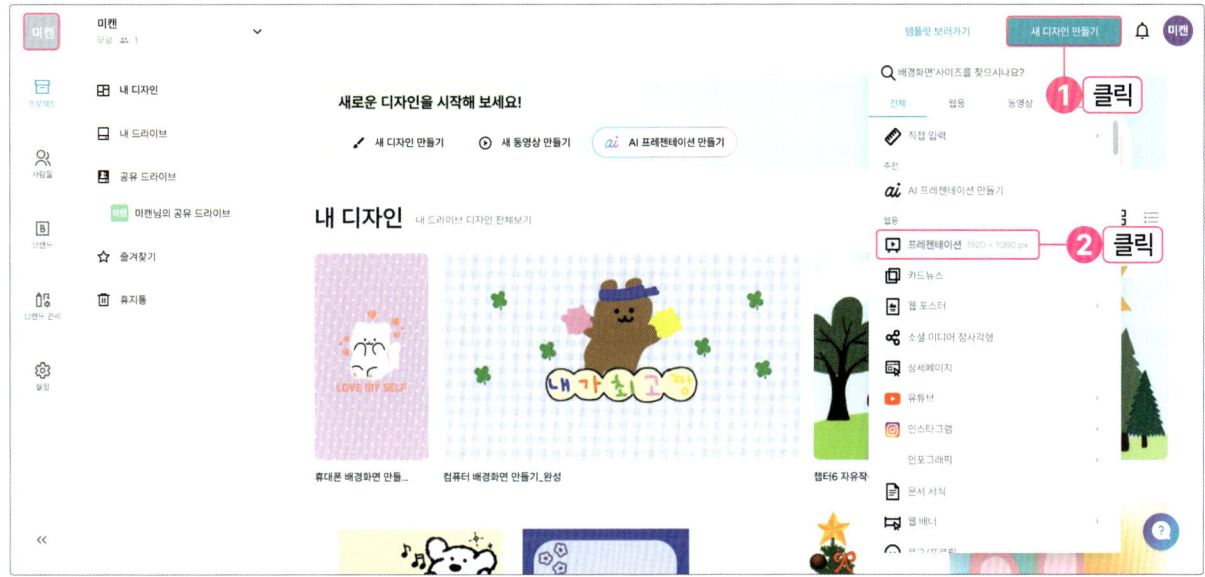

② [템플릿(□)] 검색창에 "크리스마스 편지"를 입력한 후 Enter 를 눌러 검색하고 [프레젠테이션]-[ALL 모든 템플릿]을 클릭합니다. 모든 템플릿이 표시되면 원하는 템플릿을 클릭하여 선택합니다.

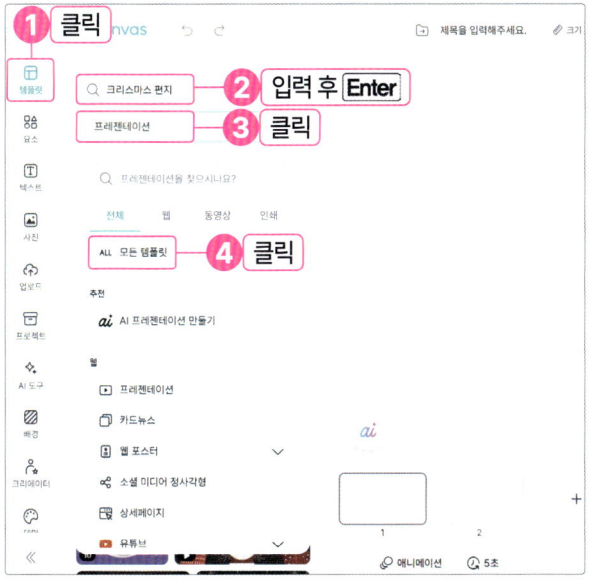
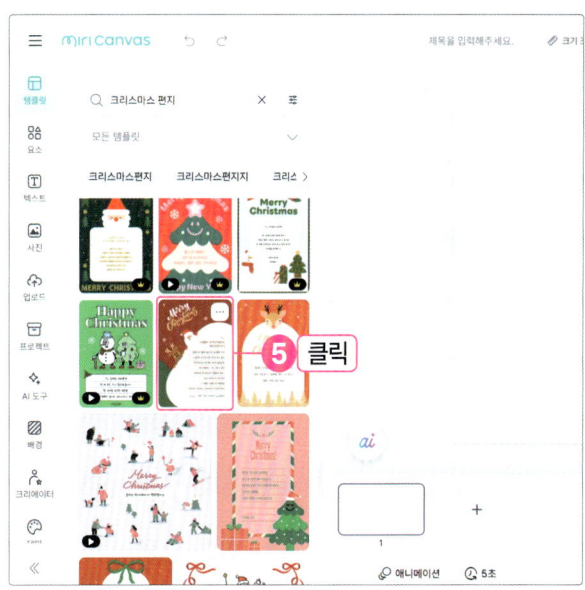

③ 선택한 템플릿이 삽입되면 디자인 적용 방식 선택에서 [채우기]를 선택합니다.

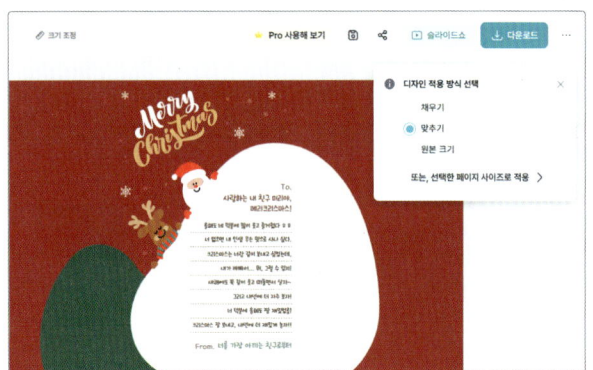

④ 필요 없는 요소는 Shift 를 누른 상태로 각각 클릭한 다음 [삭제하기(🗑)]를 클릭하여 삭제합니다.

⑤ 루돌프의 목도리 색상을 변경하기 위해 클릭한 후 변경할 목도리 색상을 클릭하여 변경합니다.

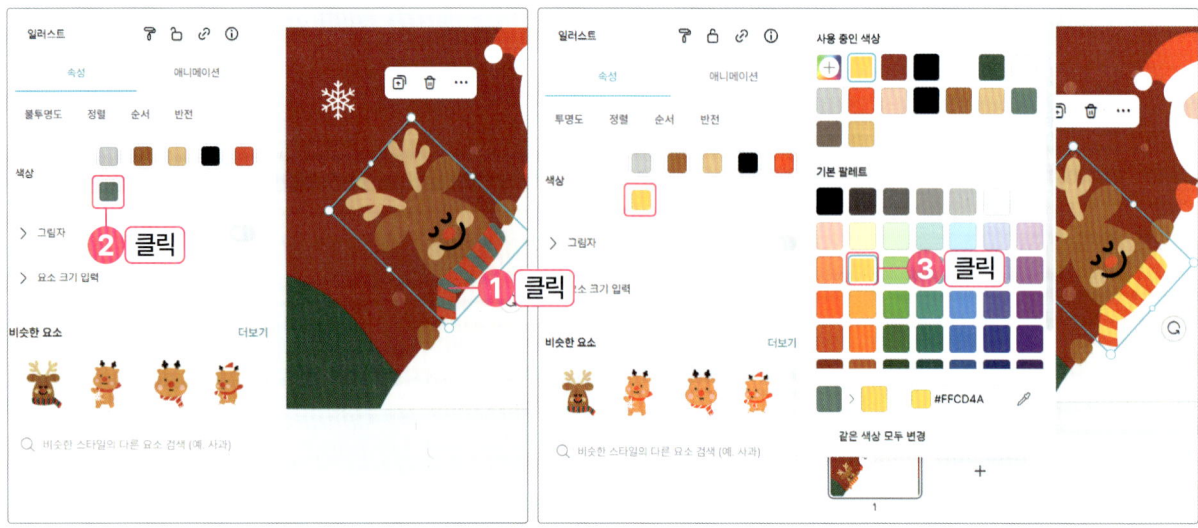

02 텍스트 추가하기

❶ [텍스트(T)]-[제목 텍스트 추가]를 클릭합니다.

❷ "메리 크리스마스"를 입력합니다.

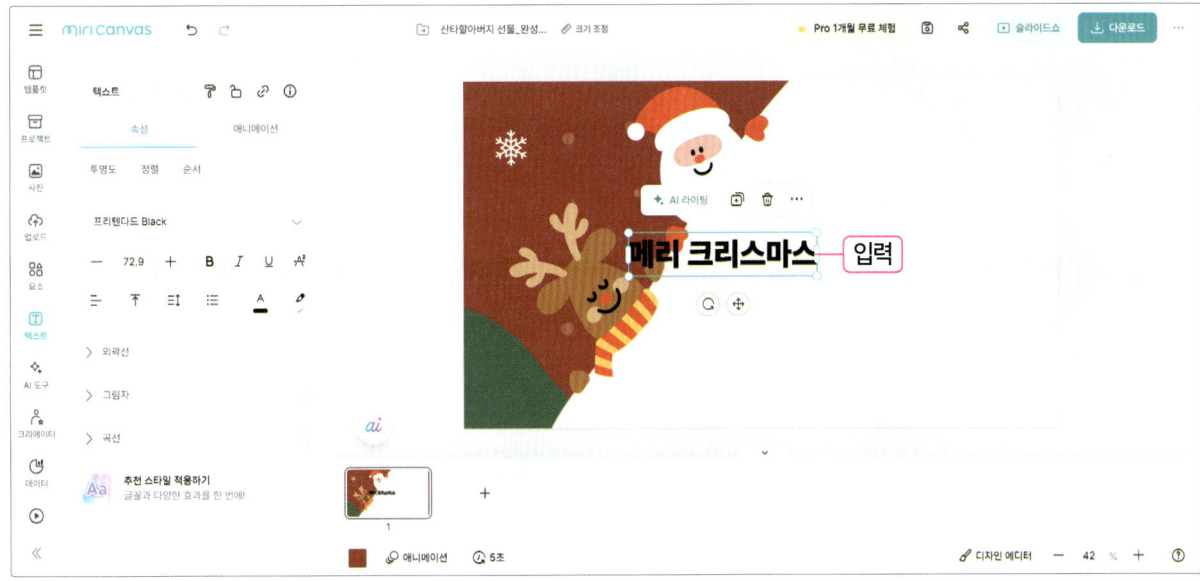

❸ [글꼴(프리텐다드 Black)]에서 [정선아리랑]를 선택합니다.

❹ [글자색(A)]을 사용 중인 색상 목록에서 선택하여 변경합니다.

❺ 색상이 변경된 텍스트 상자는 [글자 크기(130)] 및 [기울임(I)]을 지정하고 이동 및 조절점( )을 드래그하여 크기를 변경합니다.

03 요소 추가하기

① [요소(🔳)]를 클릭한 후 검색 창에 "노트북"을 검색한 후 원하는 노트북을 클릭하여 삽입합니다.

② 같은 방법으로 "게임기", "인형", "카메라", "싼타양말", "선물" 등을 추가하고 이동 및 조절점(◯)을 드래그하여 아래 그림과 같이 배치합니다.

이미지 요소는 미리캔버스의 업데이트 등에 따라 새로운 요소의 추가 및 기존의 요소가 제거되기도 합니다. 검색 목록에 표시되지 않는다면 유사 검색어 또는 비슷한 요소를 이용하여 사용하세요.

04 저장하기

① 상단 도구의 [제목을 입력해주세요.]에 "산타할아버지 선물_완성"을 입력 후 Enter 를 누릅니다.

② [다운로드(다운로드)]-[파일형식(JPG(웹용))]-[빠른 다운로드]를 클릭하여 저장합니다.

도전! 혼자서 해결해 보아요

📁 **완성된 파일** : 할로윈 포토존 만들기_완성

할로윈데이 포토존을 만들어볼까?

❖ **미션 1 :** 좌측 상단 [전체메뉴()]를 클릭하여 [새 디자인 만들기]-[프레젠테이션]을 선택합니다.

❖ **미션 2 :** [템플릿]에 '할로윈'을 검색한 다음 모든 템플릿에서 원하는 배경을 선택합니다.

❖ **미션 3 :** [요소]를 클릭하고 '할로윈'과 관련있는 다양한 요소들로 꾸며봅니다.

선생님의 검색어 HINT ▷ 할로윈, 박쥐, 사탕바구니

CHAPTER 08 산타할아버지가 주는 선물 • **059**

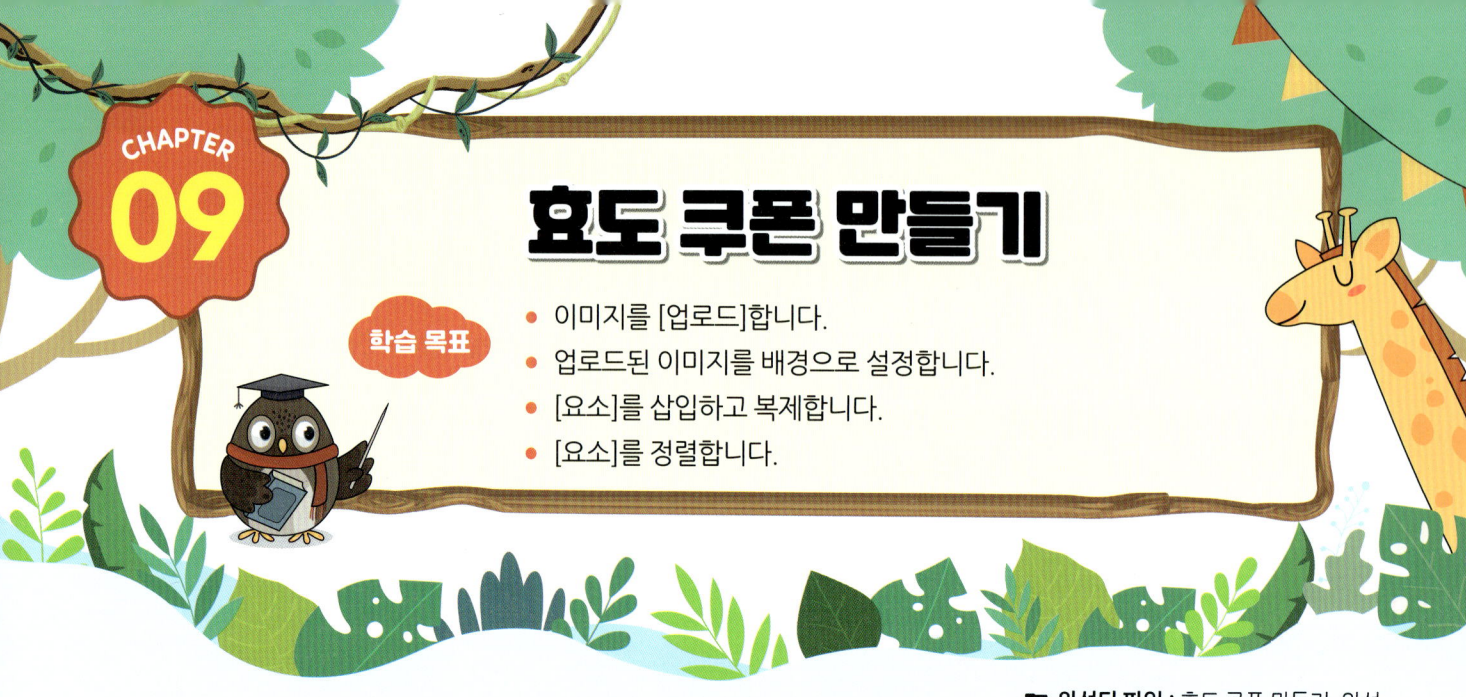

CHAPTER 09
효도 쿠폰 만들기

학습 목표
- 이미지를 [업로드]합니다.
- 업로드된 이미지를 배경으로 설정합니다.
- [요소]를 삽입하고 복제합니다.
- [요소]를 정렬합니다.

📁 완성된 파일 : 효도 쿠폰 만들기_완성

오늘 배울 내용은?

미리캔버스에서 제공하는 배경과 이미지를 이용하여 부모님께 선물로 드릴 효도 쿠폰을 만들어봅니다.

060 • 미리캔버스

01 새 디자인 설정하기

① 워크스페이스에서 [새 디자인 만들기]를 클릭한 다음 [프레젠테이션]을 클릭합니다.

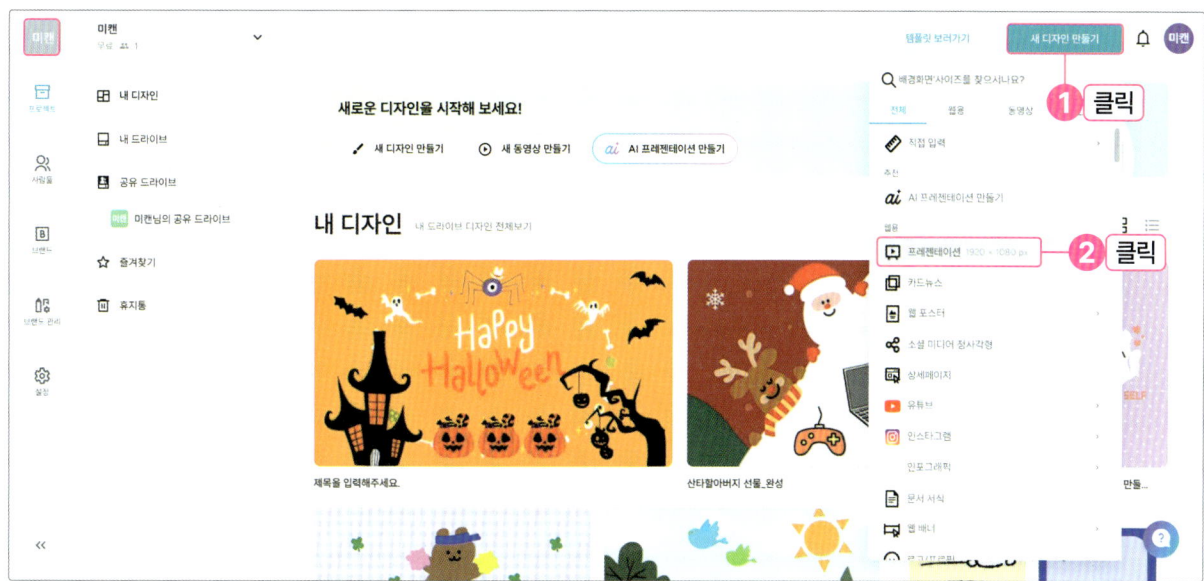

02 이미지파일 업로드하기

① [업로드(⬆)]-[업로드(업로드)]를 클릭한 다음 [09장 > 불러올파일 > 쿠폰틀.png]-[열기]를 클릭합니다.

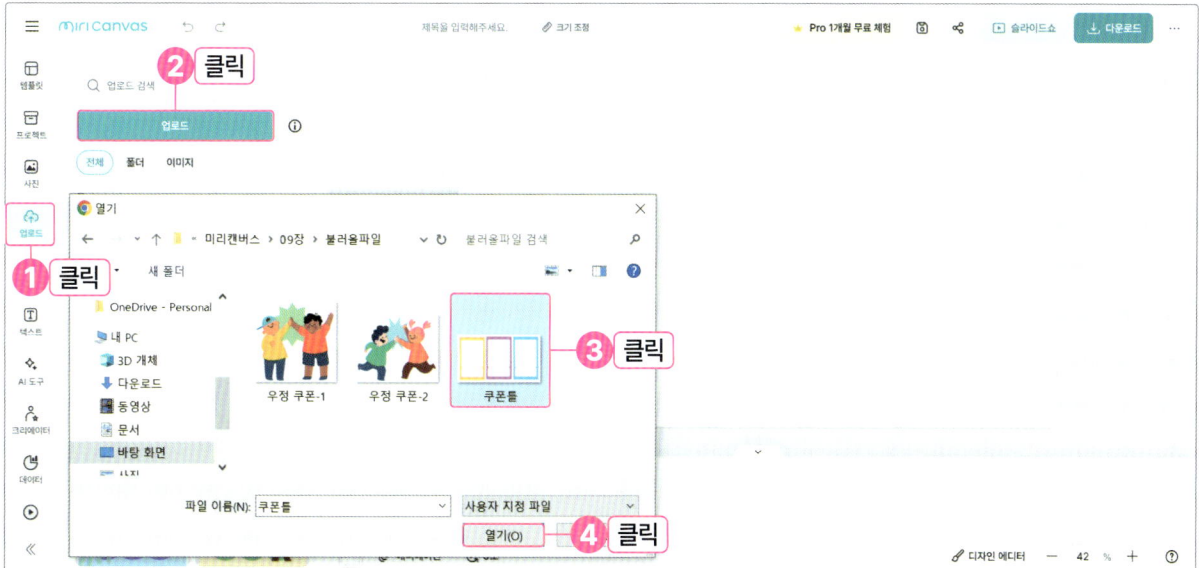

❷ 업로드된 파일을 클릭하여 삽입합니다.

❸ 삽입된 이미지에서 마우스 오른쪽 단추를 눌러 [배경으로 만들기]를 클릭합니다.

03 텍스트 추가하기

❶ [텍스트(T)]-[부제목 텍스트 추가]를 클릭한 다음 "심부름 쿠폰"을 입력합니다.

❷ [글꼴(프리텐다드 Black)]에서 [가비아 솔미체]를 선택합니다.

③ 글자 크기를 '70'으로 수정한 다음 이동 및 조절점( )을 드래그하여 크기를 변경합니다.

④ 텍스트 상자 위에서 마우스 오른쪽 단추를 눌러 [복제]를 2번한 다음 아래와 같이 이동합니다.

⑤ 두 번째 텍스트 상자를 더블클릭하여 "청소 쿠폰"으로, 세 번째 텍스트 상자도 더블클릭하여 "소원 쿠폰"으로 각각 수정합니다.

04 요소 추가하기

① [요소(🔳)]의 검색 창에 "장바구니"를 입력한 후 Enter 를 눌러 검색하고 원하는 요소를 클릭하여 페이지에 추가합니다.

② 추가된 요소는 이동 및 조절점(🔘)을 드래그하여 크기를 변경합니다.

③ ❶~❷번의 방법으로 "청소", "소원", "바코드"를 검색하여 삽입한 다음 바코드에서 마우스 오른쪽 단추를 눌러 [복제]를 클릭합니다.

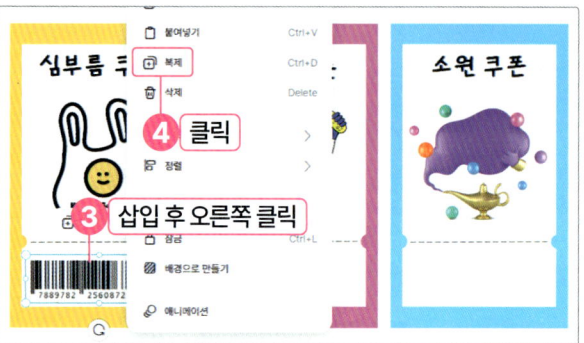

④ 같은 방법으로 바코드를 하나 더 복제 후 Shift 를 누른 상태로 바코드를 순서대로 클릭하여 모든 바코드를 선택한 다음 [정렬]-[상단]을 클릭합니다.

05 저장하기

❶ 상단 도구의 [제목을 입력해주세요.]에 "효도 쿠폰 만들기_완성"을 입력 후 Enter 를 누릅니다.

❷ [다운로드(↓ 다운로드)]-[파일형식(JPG(웹용))]-[빠른 다운로드]를 클릭하여 저장합니다.

도전! 혼자서 해결해 보아요

📁 완성된 파일 : 친구 선물 쿠폰_완성

🔷 친구 생일 선물로 우정 쿠폰을 선물해볼까?

◆ **미션 1 :** 좌측 상단 [전체메뉴(≡)]를 클릭하여 [새 디자인 만들기]-[프레젠테이션]을 선택합니다.

◆ **미션 2 :** [요소]를 클릭하고 '쿠폰'을 검색하여 원하는 요소를 선택한 다음 색상을 변경합니다.

◆ **미션 3 :** [업로드]를 클릭하고 '우정 쿠폰-1'과 '우정 쿠폰-2'를 삽입합니다.

◆ **미션 4 :** [요소]를 클릭하고 '바코드'를 삽입한 다음 관련있는 다양한 요소들로 꾸며 봅니다.

선생님의 검색어 HINT ▷ 쿠폰, 바코드, 별, 하트, 행운, 미안해

CHAPTER 09 효도 쿠폰 만들기 • **067**

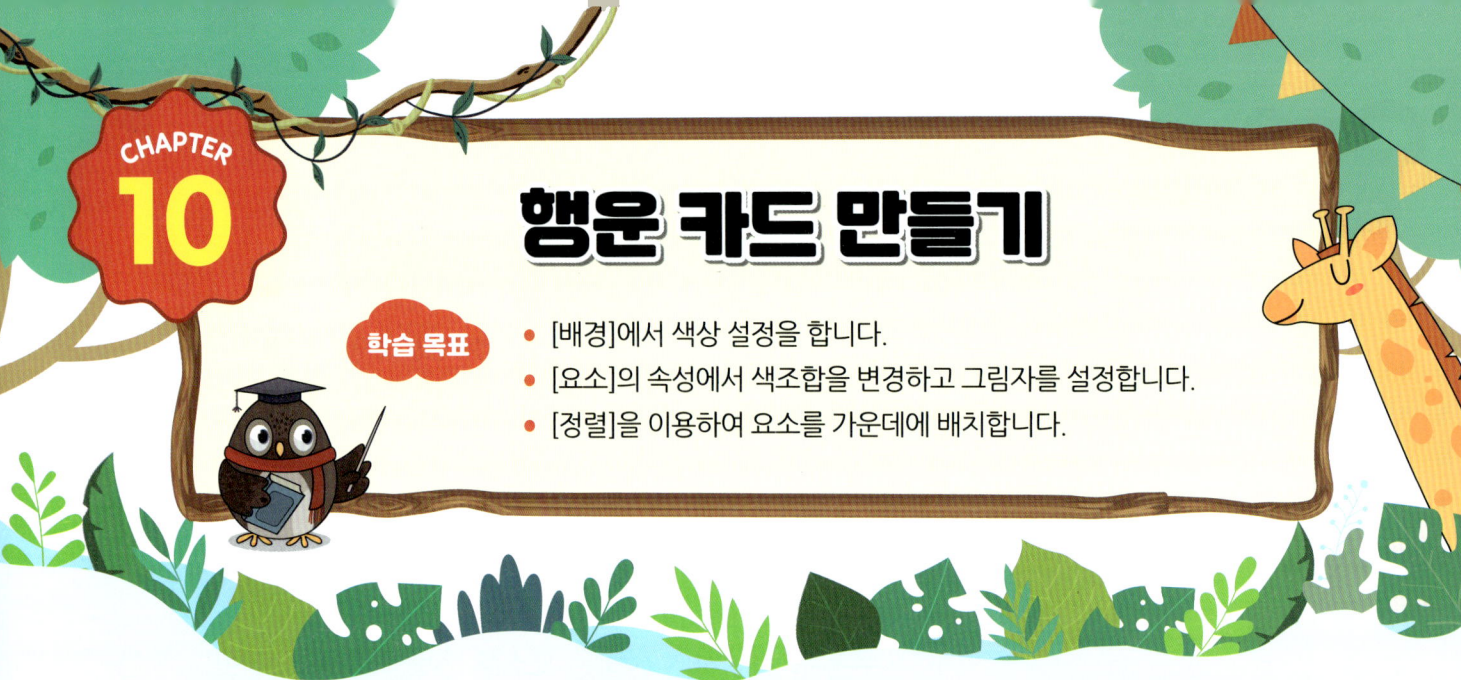

행운 카드 만들기

학습 목표
- [배경]에서 색상 설정을 합니다.
- [요소]의 속성에서 색조합을 변경하고 그림자를 설정합니다.
- [정렬]을 이용하여 요소를 가운데에 배치합니다.

■ **완성된 파일** : 행운 카드 만들기_완성

오늘 배울 내용은?

미리캔버스에서 제공하는 배경과 이미지를 이용하여 나만의 행운 카드를 만들어봅니다.

01 새 디자인에 배경을 설정하기

① 워크스페이스에서 [새 디자인 만들기]를 클릭한 다음 [카드뉴스]를 클릭합니다.

② [배경()]-[배경색()]-[직접 조정()]을 클릭한 후 원하는 색상(#FBAFDF)을 클릭합니다.

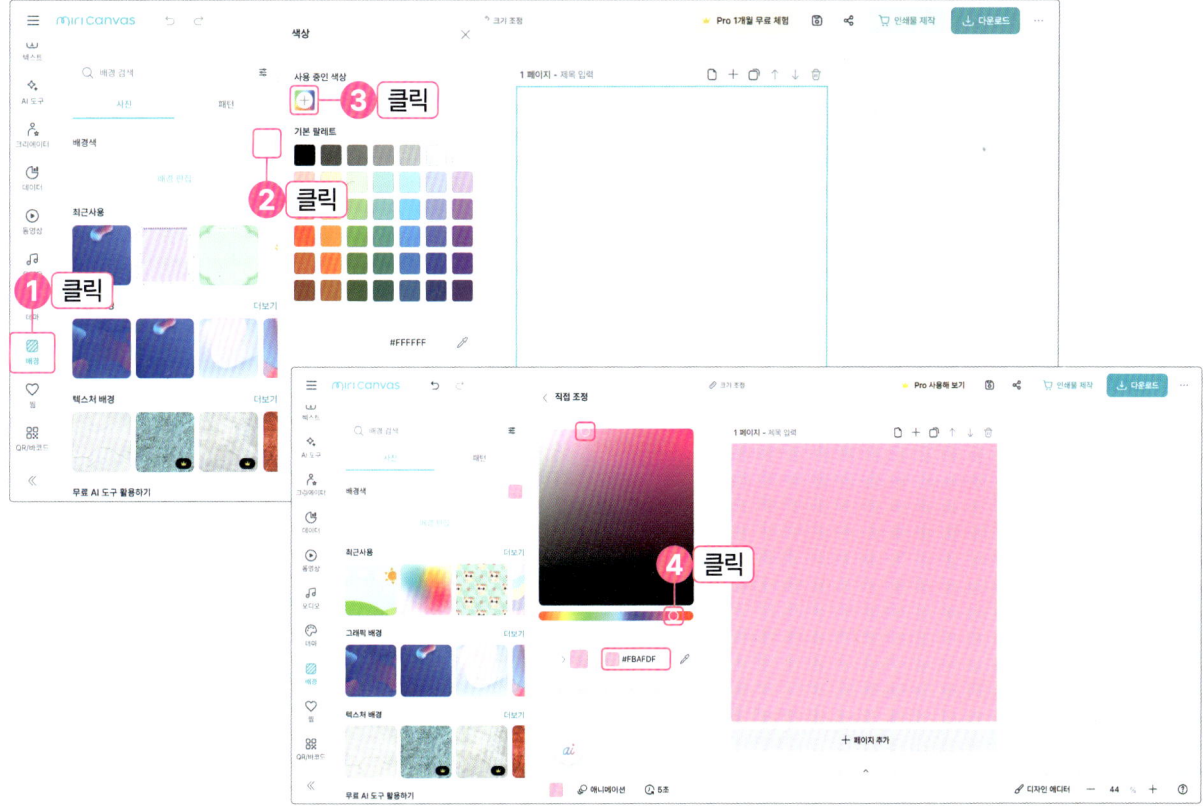

02 틀과 텍스트 만들기

① [요소(🔳)]를 클릭한 다음 검색창에 "손그림 프레임"을 검색 한 후 Enter 를 눌러 검색하고 원하는 요소를 추가합니다.

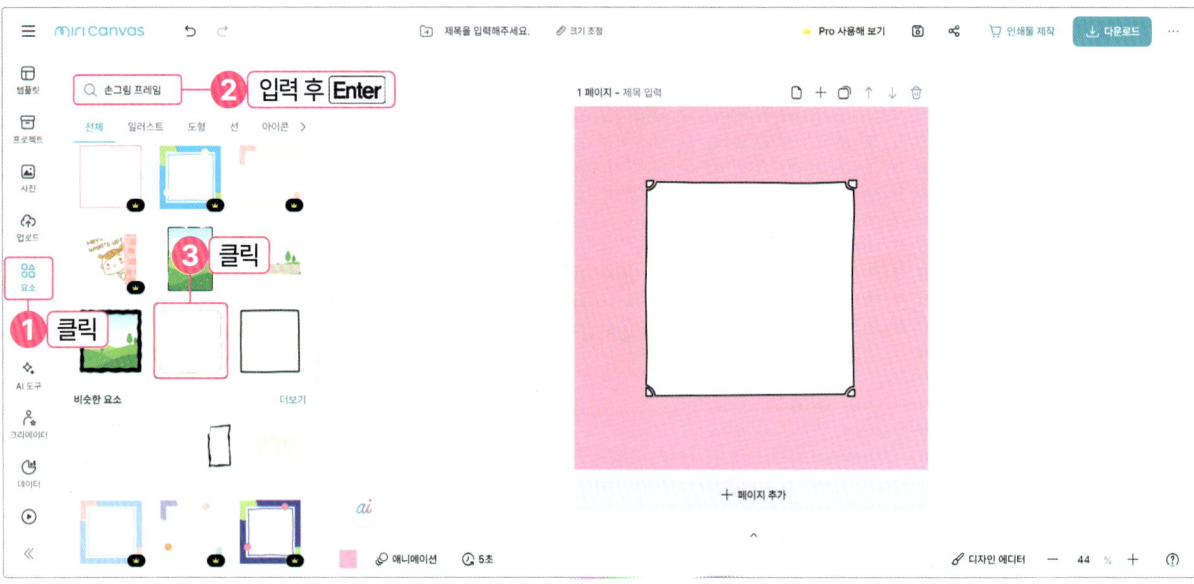

② 추가된 요소는 이동 및 조절점(⭕)을 드래그하여 크기를 변경한 다음 [속성]-[정렬] 항목의 [가운데(🔲 가운데)] 및 [중간(🔲 중간)]을 각각 클릭하여 가운데에 위치하도록 수정합니다.

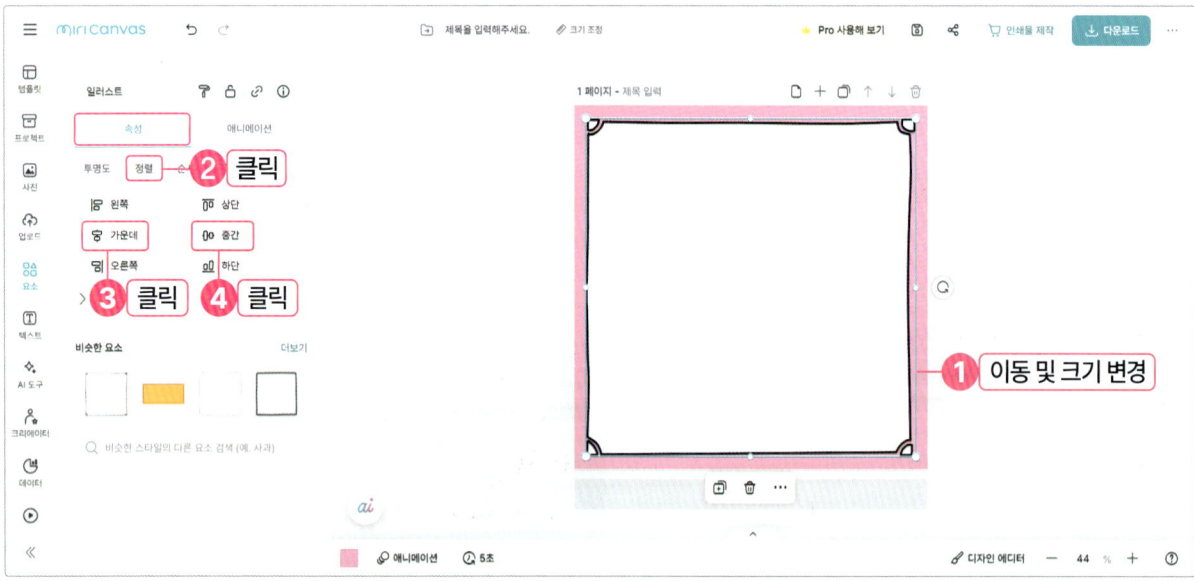

③ [텍스트(T)]-[부제목 텍스트 추가]를 클릭한 다음 "LUCKY"를 입력합니다.

④ [글꼴(어비 세현체)] 및 [글자 크기(110)]를 수정하고 이동 및 조절점( )을 드래그하여 크기를 변경합니다.

❺ [텍스트(T)]-[본문 텍스트 추가]를 클릭한 다음 "카드를 소지하고 있는 당신은 행운이 자꾸 찾아와서 행복한 하루하루를 보내는 경험을 하게 됩니다!"를 입력합니다.

❻ [글꼴(어비 세현체)]을 선택한 다음 이동 및 텍스트 상자의 조절점( )을 드래그하여 크기를 변경합니다.

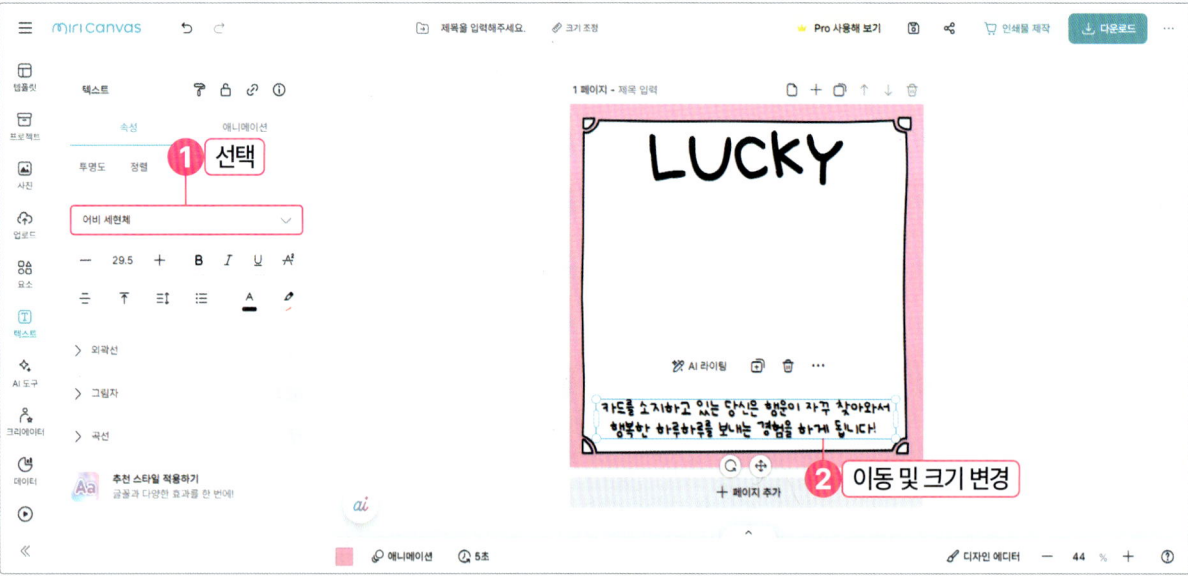

03 요소 추가하기

① [요소(🔲)]를 클릭한 다음 검색 창에 "손그림 클로버"를 검색하여 삽입하고 적절한 위치로 이동 및 크기를 변경합니다.

② [요소(🔲)]를 클릭한 다음 검색 창에 "손그림 클로버", "손그림 별", "손그림 하트" 등을 검색하여 삽입한 다음 이동 및 조절점(⚬)을 드래그하여 크기를 변경합니다.

 요소의 색상은 [속성]-[색상]에서 자유롭게 변경해봅니다.

04 저장하기

① 상단 도구의 [제목을 입력해주세요.]에 "행운 카드 만들기_완성"을 입력 후 Enter 를 누릅니다.

② [다운로드(다운로드)]-[파일형식(JPG(웹용))]-[빠른 다운로드]를 클릭하여 저장합니다.

도전! 혼자서 해결해 보아요

📁 완성된 파일 : 소망 카드_완성

🔷 탕후루 소망 카드를 만들면 정말 이뤄질까?

❖ **미션 1** : 좌측 상단 [전체메뉴(☰)]를 클릭하여 [새 디자인 만들기]-[카드뉴스]를 선택합니다.

❖ **미션 2** : [배경]을 클릭하고 원하는 색상으로 선택합니다.

❖ **미션 3** : [요소]를 클릭하여 '메모장' 틀과 '손그림' 캐릭터 등 다양한 요소들로 꾸며 봅니다.

❖ **미션 4** : [텍스트]를 클릭하여 원하는 소망을 적어 완성해 봅니다.

 ▶ 손그림 메모장, 손그림 하트, 손그림 낙서

CHAPTER 10 행운 카드 만들기 • **075**

CHAPTER 11 생일 알리미

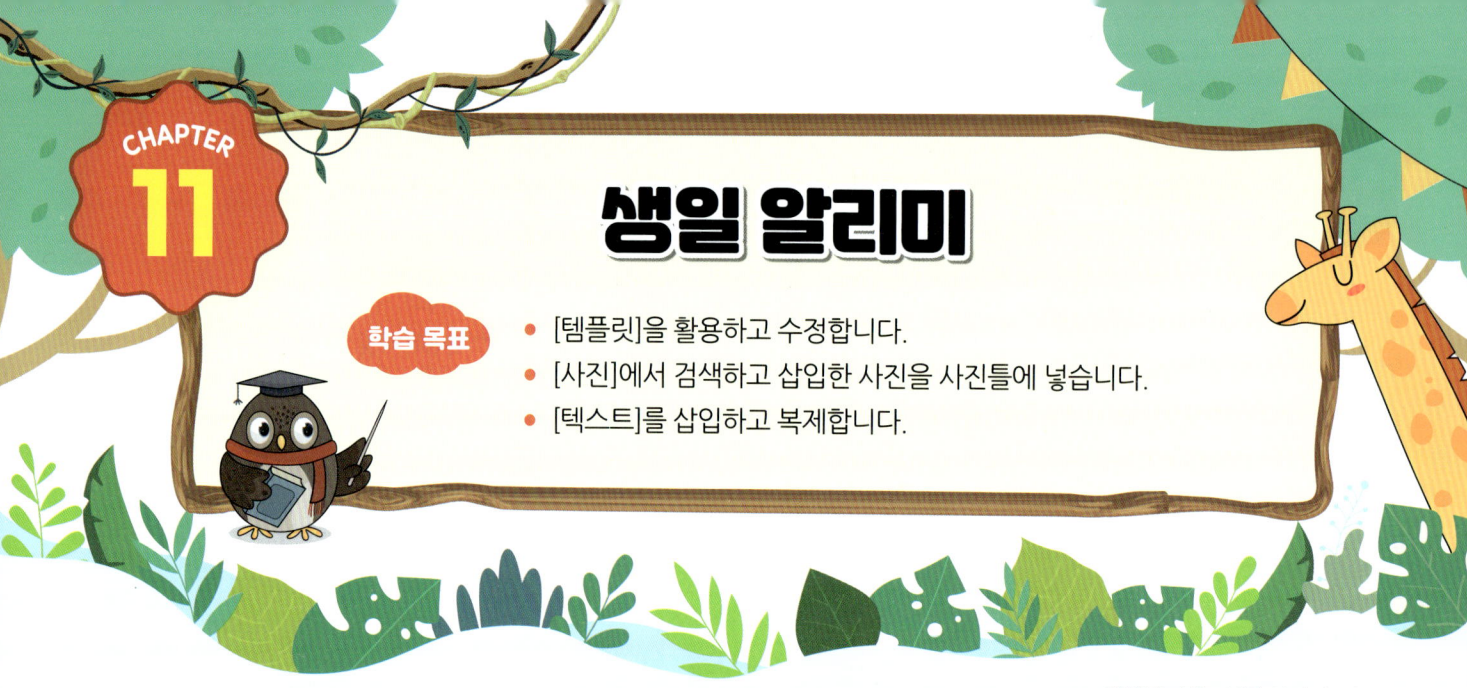

학습 목표
- [템플릿]을 활용하고 수정합니다.
- [사진]에서 검색하고 삽입한 사진을 사진틀에 넣습니다.
- [텍스트]를 삽입하고 복제합니다.

📁 완성된 파일 : 생일 알리미_완성

오늘 배울 내용은?

미리캔버스에서 제공하는 배경과 이미지를 이용하여
내가 좋아하는 친구들의 생일 알리미 포스터를 만들어봅니다.

01 새 디자인에 배경을 설정하기

① 워크스페이스에서 [새 디자인 만들기]를 클릭한 다음 [프레젠테이션]을 클릭합니다.

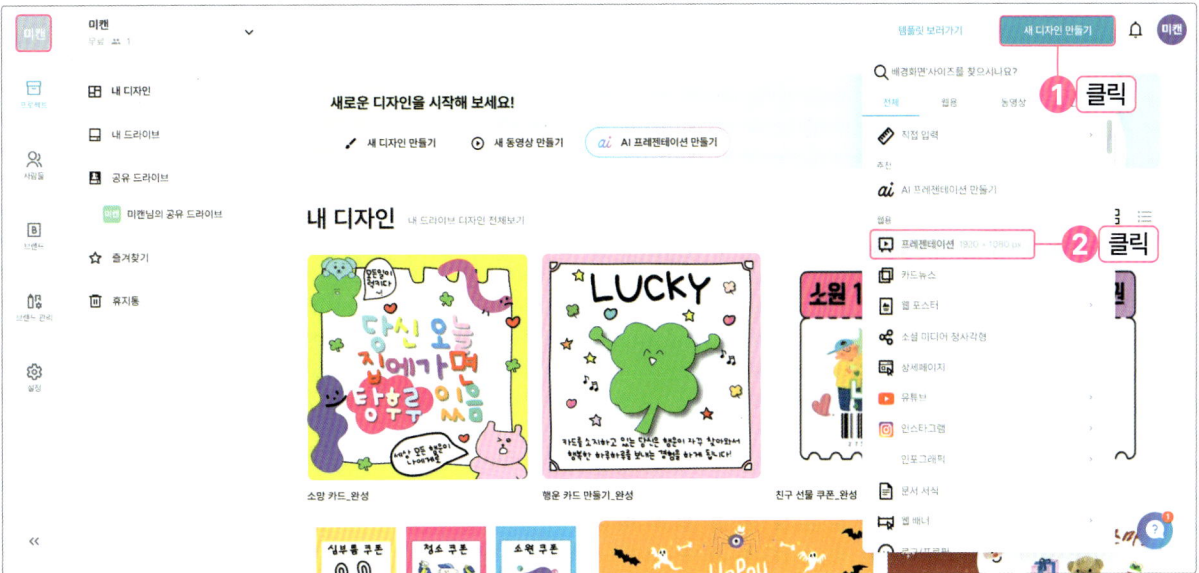

② [템플릿(🔲)] 검색창에 "생일축하"를 입력하고 하위 메뉴에서 [모든 템플릿]으로 선택한 다음 원하는 템플릿을 클릭하여 페이지에 삽입합니다.

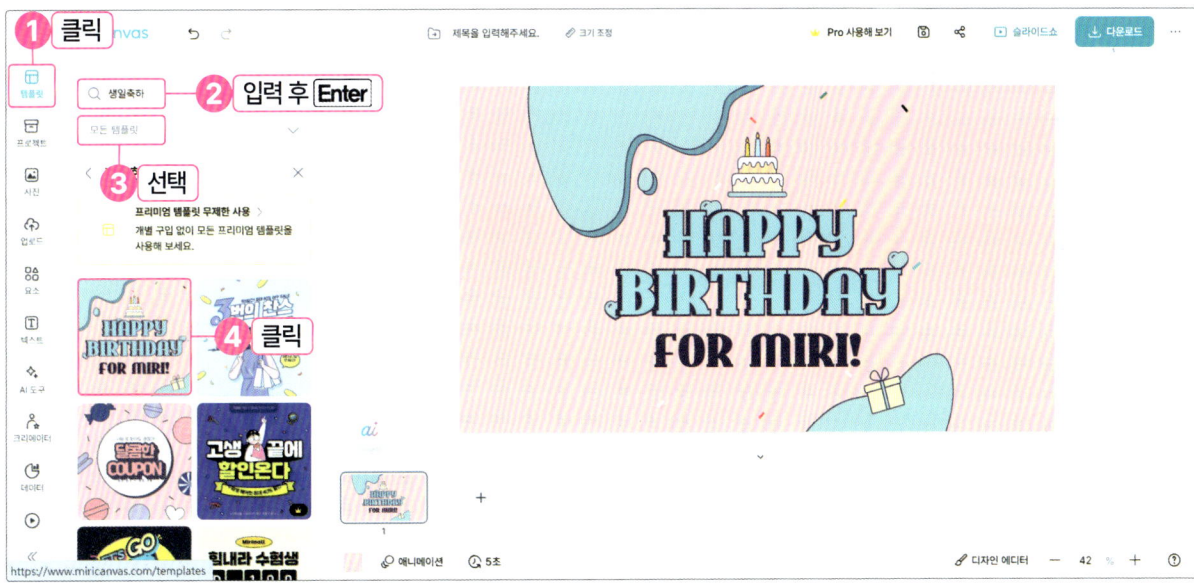

❸ 'FOR MIRI!' 텍스트 상자를 삭제하기 위해 클릭한 다음 [삭제하기(🗑)]를 합니다.

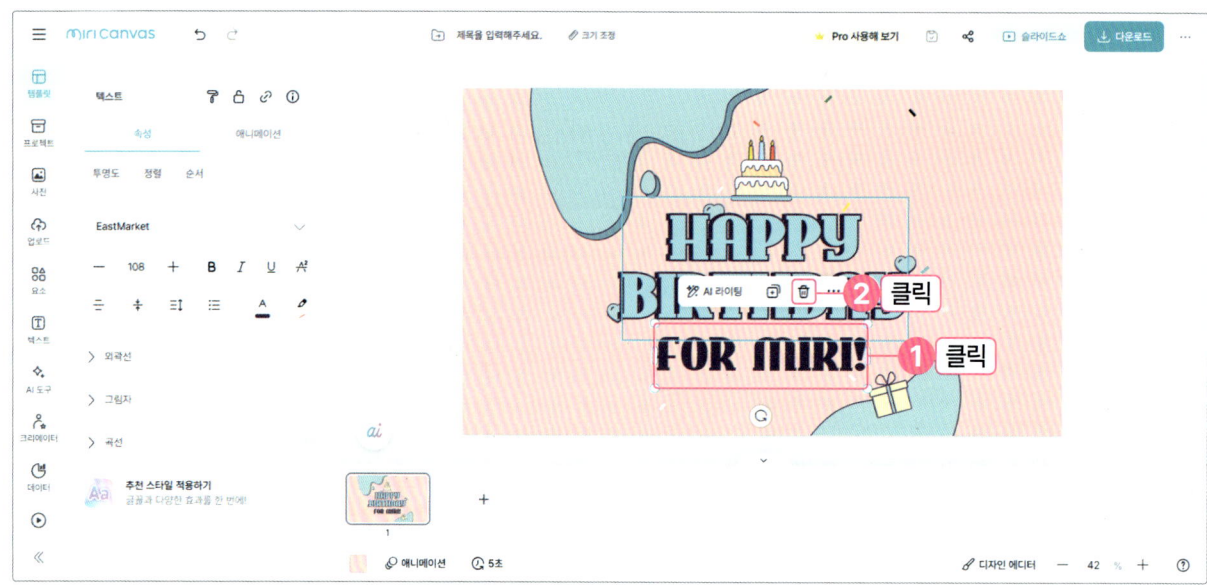

❹ 다른 요소는 마우스로 드래그하여 적당한 위치로 이동, 아래 그림과 같이 배치합니다.

02 사진틀과 사진 삽입하기

① [요소(⌘)]를 클릭한 다음 검색 창에 "사진틀"을 검색하여 원하는 사진틀 요소를 삽입합니다.

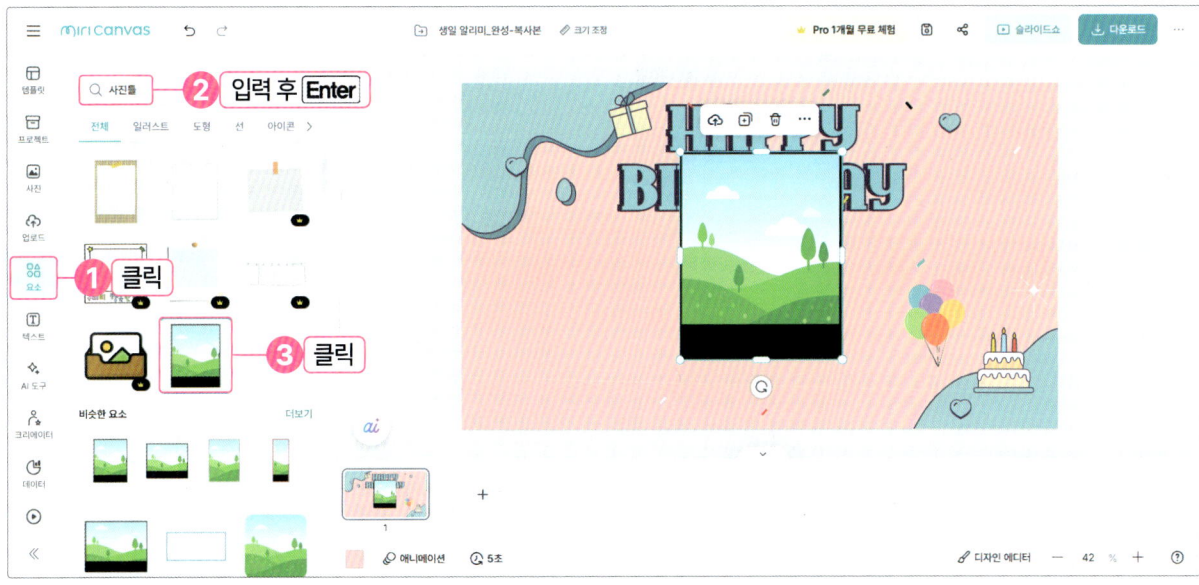

② 삽입한 사진틀을 이동 및 크기 변경 후 [사진(🖼)]을 클릭한 다음 검색 창에 "고양이생일파티"를 검색하여 원하는 사진을 클릭, 페이지에 삽입하고 드래그하여 사진틀 안으로 이동합니다.

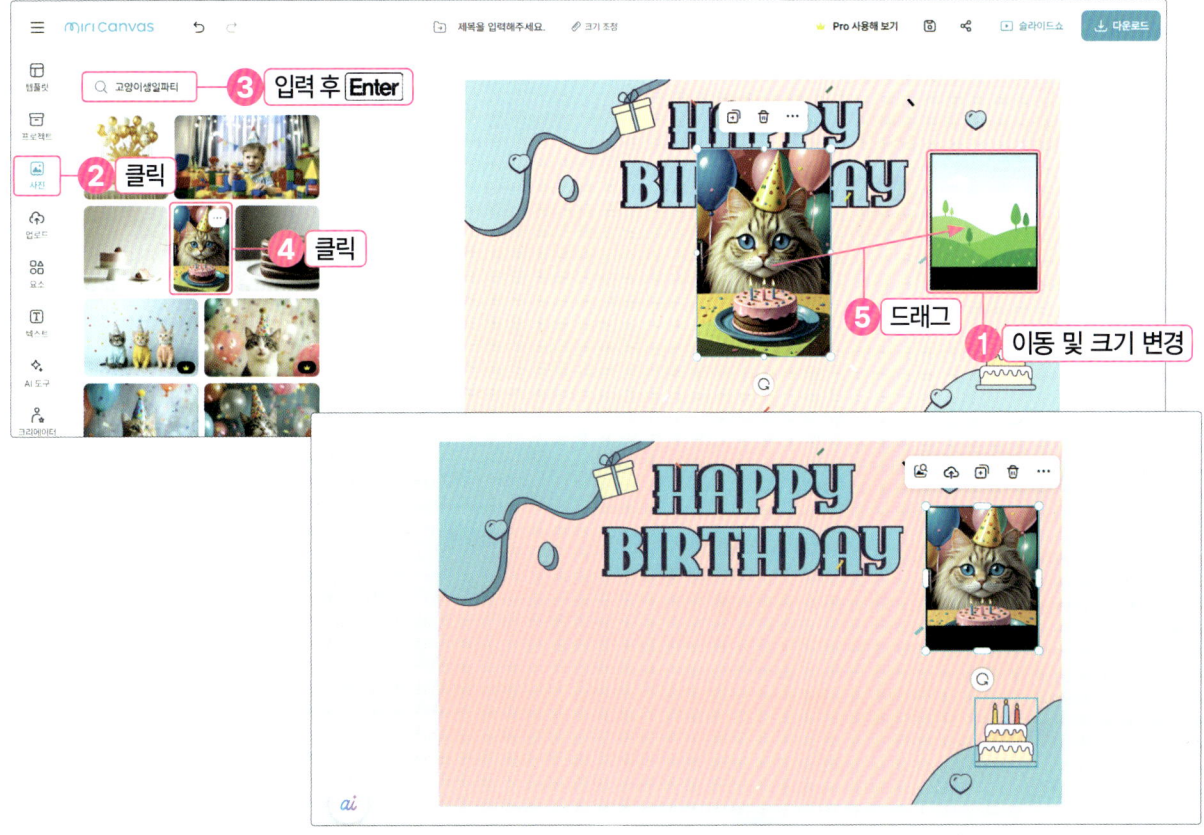

❸ 사진들의 [색상(■)]을 클릭 후 원하는 [색상(■#9A30AE)]으로 변경하고 회전(⟳)을 드래그하여 아래 그림과 같이 회전합니다.

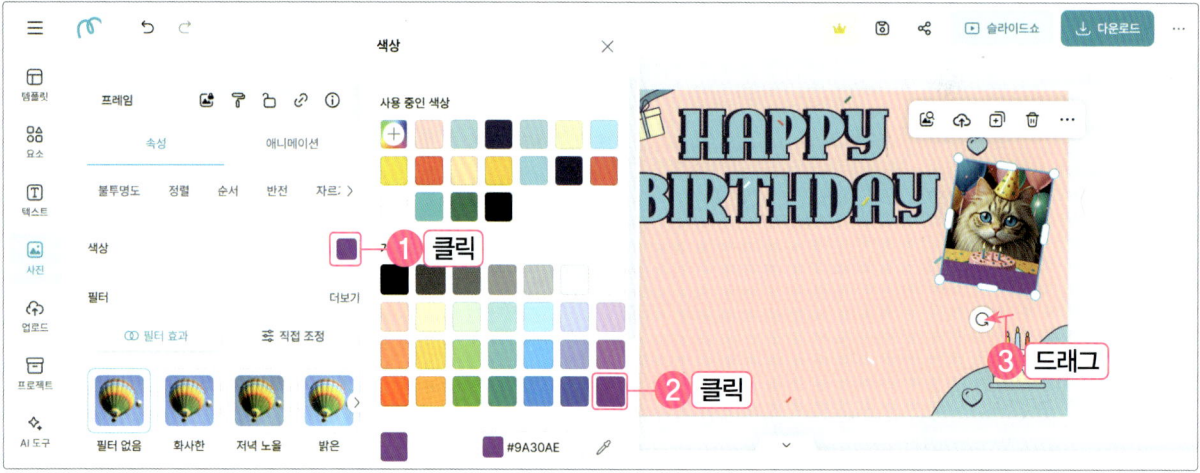

❹ [요소(⊞)]를 클릭한 다음 검색 창에 "불규칙 도형"을 검색한 후 필요한 요소를 클릭하여 삽입하고 이동 및 크기 변경과 회전(⟳)을 통해 그림과같이 배치합니다.

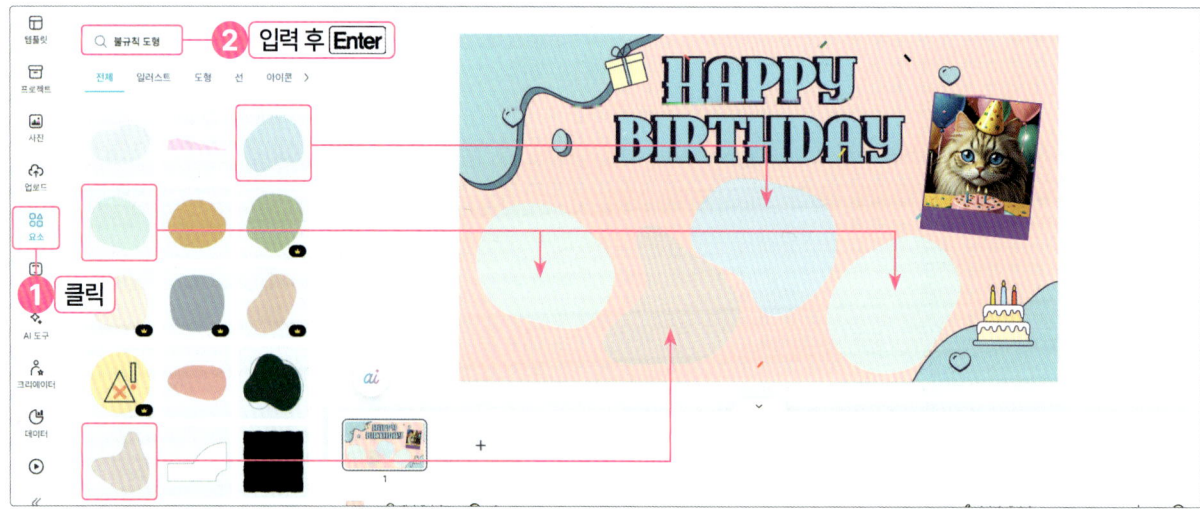

❺ 삽입한 불규칙 도형 요소의 색을 클릭한 후 아래 그림과 같이 지정하여 모두 변경합니다.

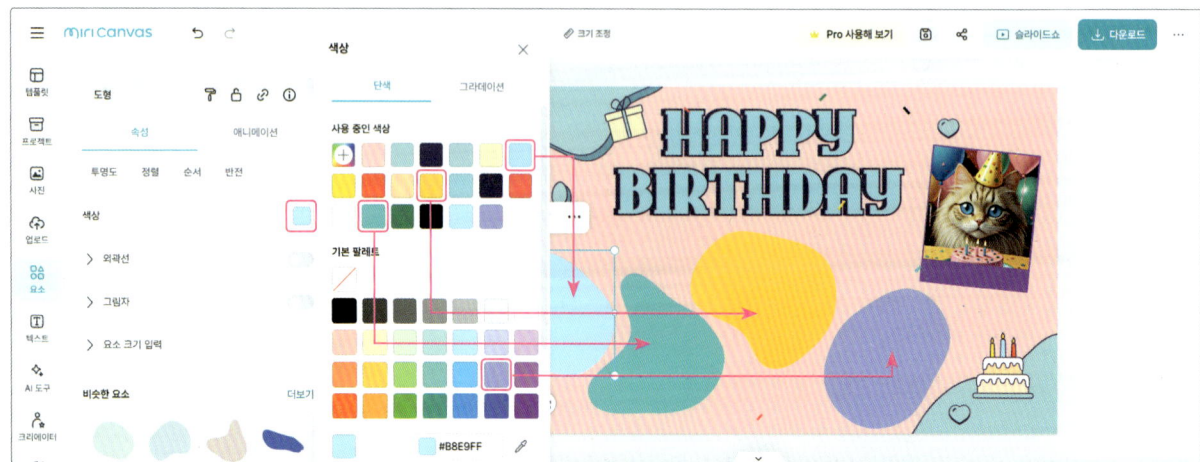

03 텍스트 삽입하기

① 텍스트(T)-[부제목 텍스트 추가]를 클릭한 다음 "내생일" Enter "3월 26일"을 입력합니다. 텍스트 상자를 이동 후 [글꼴(다람쥐꼬리)] 및 [글자 정렬(가운데 정렬)]을 지정합니다.

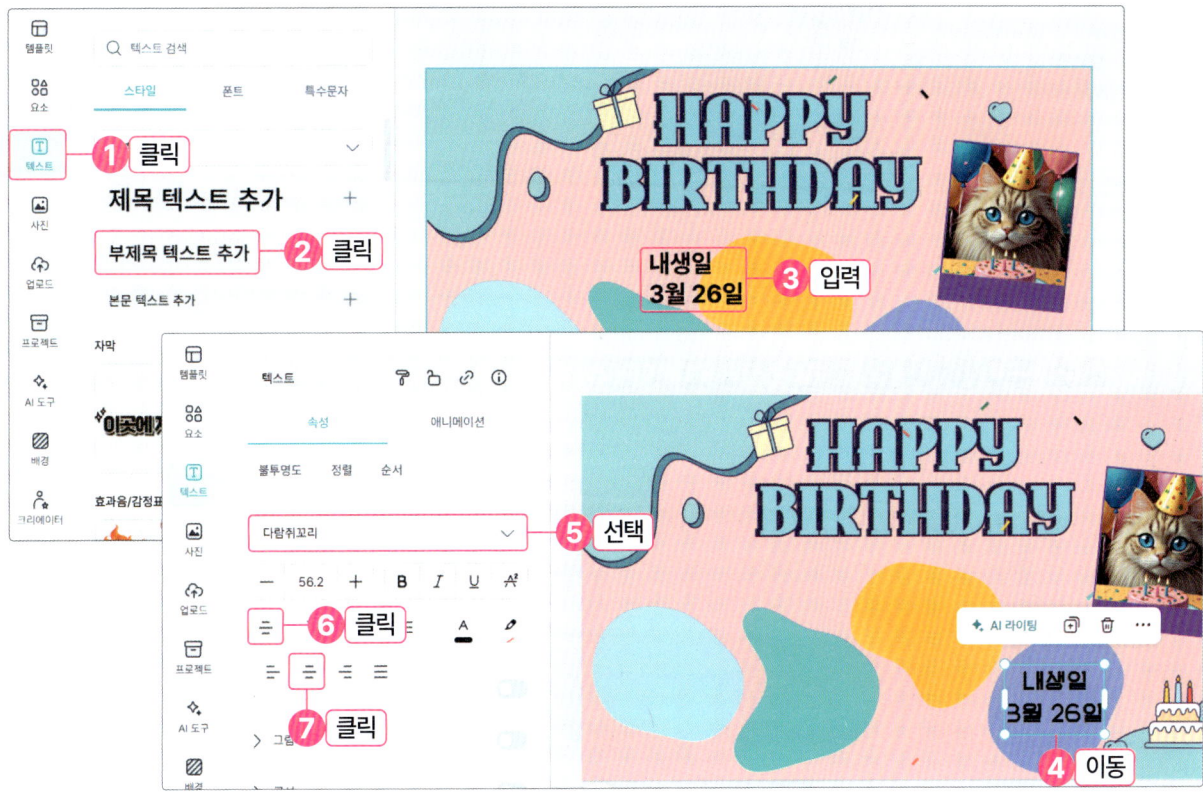

② 텍스트 상자에서 마우스 오른쪽 단추를 눌러 [복제(복제)]를 클릭합니다. 같은 방법으로 텍스트 상자를 2개 더 복제 후 드래그하여 아래 그림과 같이 이동합니다.

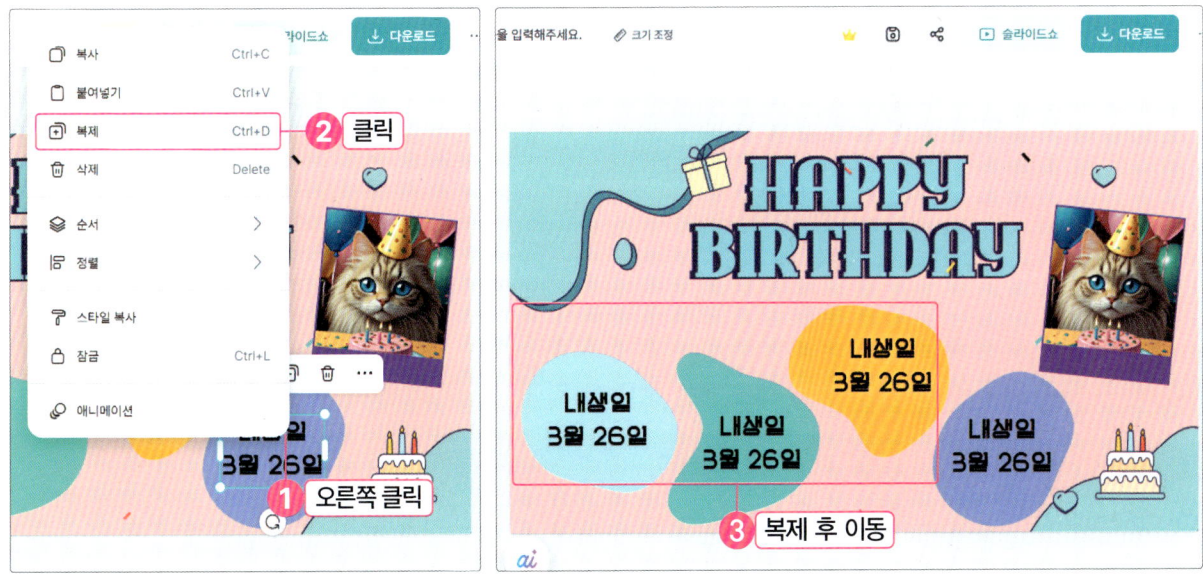

❸ 복제된 텍스트상자를 더블클릭 후 내용을 수정한 다음 도형 모양을 참고하여 아래 그림과 같이 회전(⟳)합니다.

04 요소 추가하여 빈 공간 꾸미고 저장하기

❶ [요소(▦)]를 이용하여 검색 창에 "하트", "파티", "반짝이" 등 생일과 관련된 검색어로 검색 후 원하는 그림 요소를 삽입하고 이동 및 크기를 변경하여 아래 그림과 같이 꾸며봅니다.

❷ 상단 도구의 [제목을 입력해주세요.]에 "생일 알리미_완성"을 입력 후 Enter 를 누릅니다.

❸ [다운로드(⬇ 다운로드)]-[파일형식(JPG(웹용))]-[빠른다운로드]를 클릭하여 저장합니다.

도전! 혼자서 해결해볼게요~

📁 완성된 파일 : 날씨 알리미_완성

이번주 날씨는 어떤가요?

✦ **미션 1 :** 좌측 상단 [전체메뉴(☰)]를 클릭하여 [새 디자인 만들기]-[프레젠테이션]을 선택합니다.

✦ **미션 2 :** [템플릿]을 클릭하고 '날씨'를 검색하여 원하는 배경을 선택합니다.

✦ **미션 3 :** [요소]를 클릭하고 '날씨아이콘'으로 일주일 날씨 예보를 만듭니다.

 구름아이콘, 눈아이콘

 그룹이 되어 수정할 수 없는 경우에는 [그룹 해제하기()]를 하면 수정이 가능합니다.

CHAPTER **11** 생일 알리미 • **083**

CHAPTER 12 종합 활동 문제

학습 목표
- 새로운 디자인을 스스로 만듭니다.
- 다양한 배경과 요소를 이용하여 작품을 만듭니다.

📁 완성된 파일 : 챕터12 자유작품_완성

🛡 기프티콘 만들기

선생님의 검색어 HINT ▶ 쿠폰, 치킨, 피자, 바코드 / 글꼴: 맹_사랑2

❶ 프레젠테이션으로 새 디자인 만들기합니다.

❷ 요소에서 쿠폰카드를 검색하여 추가하고 색상을 변경합니다.

❸ 요소에서 치킨, 피자, 바코드를 검색하여 추가하고 배치합니다.

❹ 텍스트를 추가하여 "치킨 기프티콘", "피자 기프티콘"을 입력하고 글꼴을 수정합니다.

❺ 완성된 작품은 저장하고 다운로드합니다.

084 • 미리캔버스

📂 완성된 파일 : 챕터12 자유작품2_완성

용돈 메뉴판 만들기

선생님의 검색어 HINT ▷ 메뉴판, 돈 / 글꼴: 맹_사랑2

따라하기!

❶ 프레젠테이션으로 새 디자인 만들기합니다.

❷ 배경의 패턴을 적용합니다.

❸ 요소에서 메뉴판과 돈을 검색하여 추가하고 크기를 변경합니다.

❹ 텍스트를 추가하여 용돈메뉴판 및 메뉴를 입력하고 글꼴을 수정합니다.

❺ 완성된 작품은 저장하고 다운로드합니다.

CHAPTER 12 종합 활동 문제 • **085**

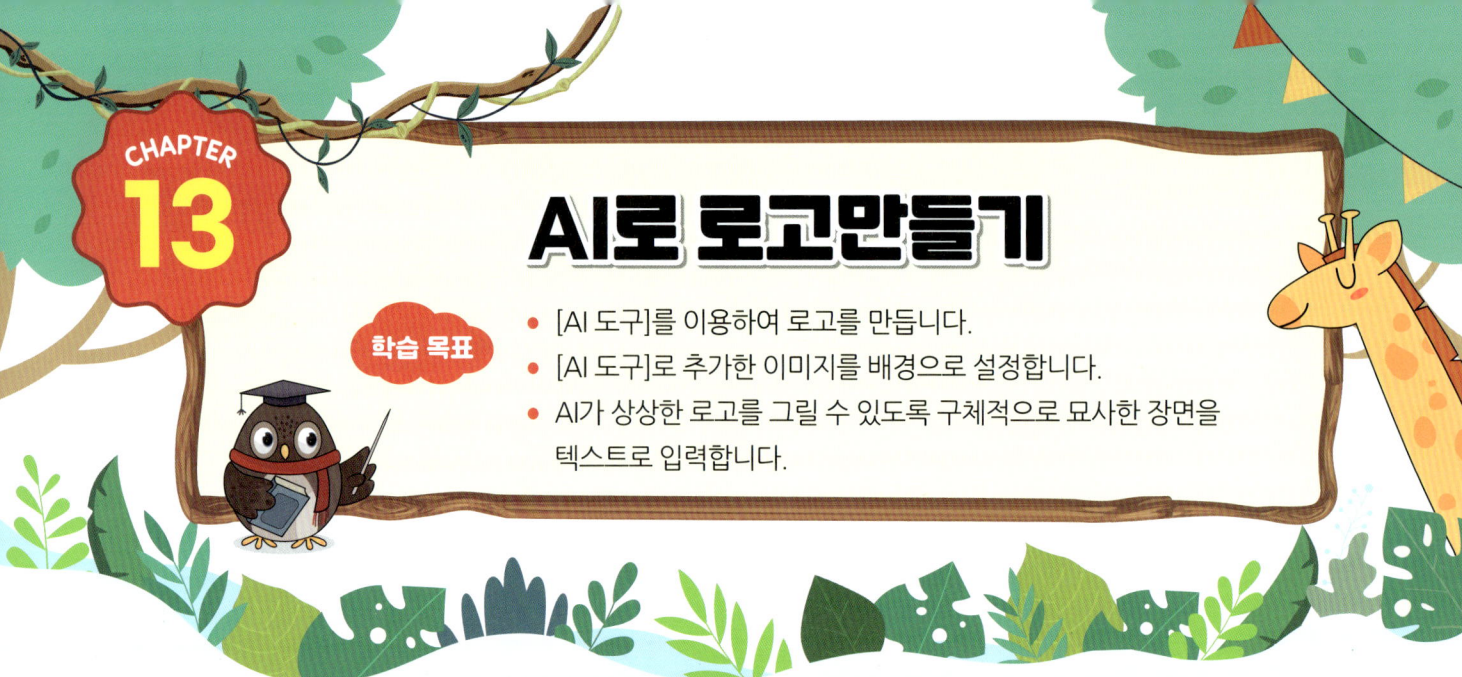

CHAPTER 13
AI로 로고만들기

학습 목표
- [AI 도구]를 이용하여 로고를 만듭니다.
- [AI 도구]로 추가한 이미지를 배경으로 설정합니다.
- AI가 상상한 로고를 그릴 수 있도록 구체적으로 묘사한 장면을 텍스트로 입력합니다.

📁 완성된 파일 : AI로고 만들기_완성

오늘 배울 내용은?

미리캔버스에서 제공하는 AI 도구를 이용하여 나만의 로고를 만들어봅니다.

01 만들고 싶은 로고 상상하기 및 배경 설정하기

① AI로 만들고 싶은 로고를 상상해서 아래에 구체적으로 작성합니다.

② 워크스페이스에서 [새 디자인 만들기]를 클릭한 다음 [카드뉴스]를 클릭합니다.

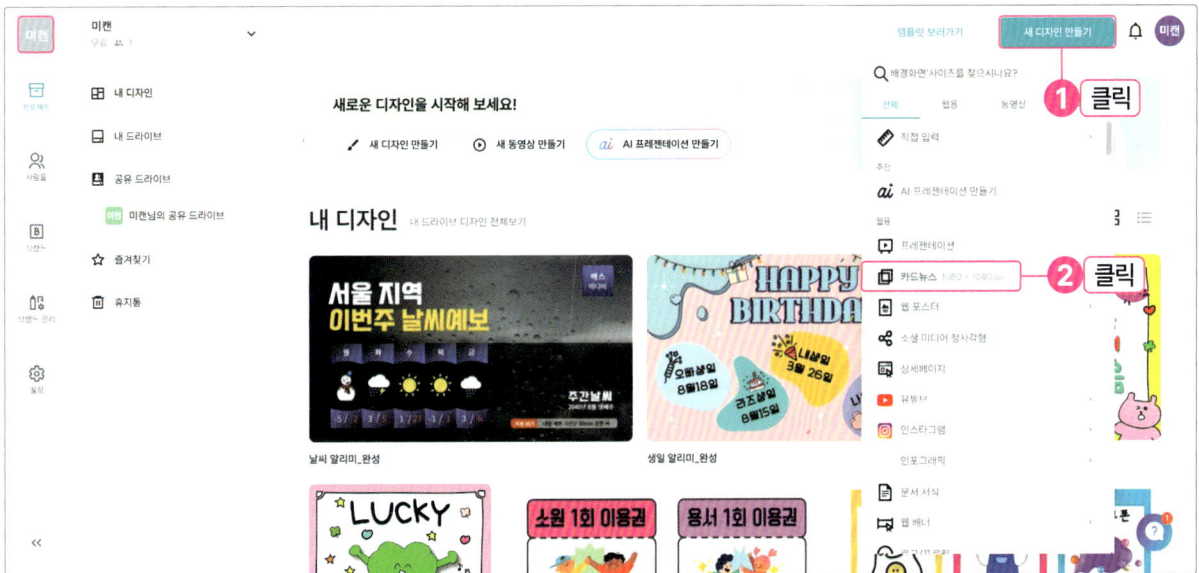

CHAPTER 13 AI로 로고만들기 • 087

02 AI로 로고 만들기

❶ [AI 도구(✧)]-[로고 만들기]를 클릭합니다.

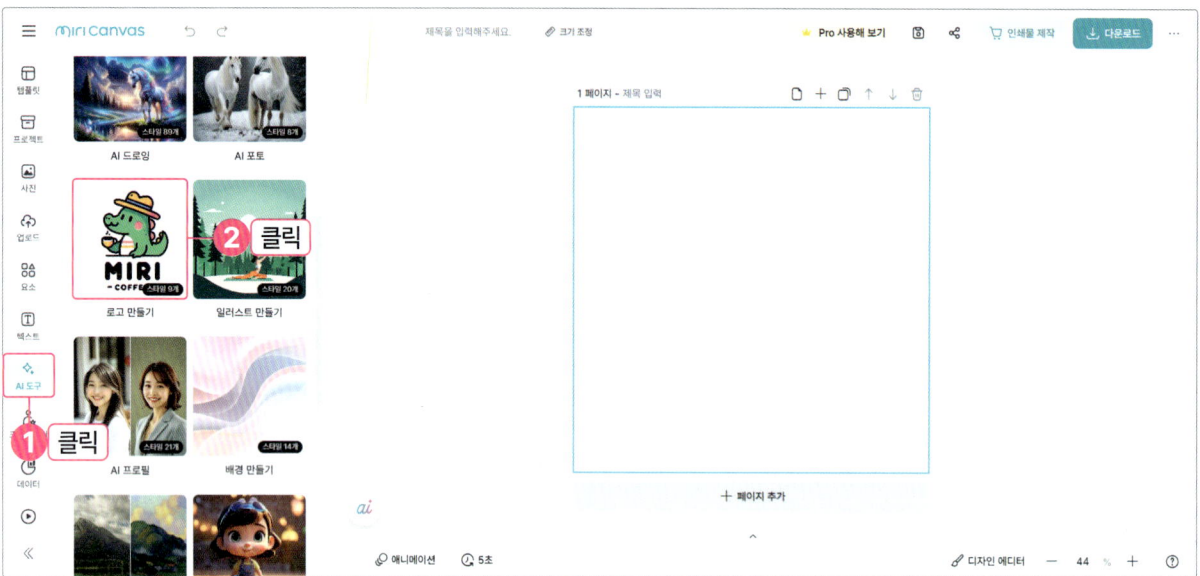

❷ [스타일]-[영문레터링·캐릭터]가 선택된 상태에서 [이미지묘사]에 "MIRICAKE 라는 이름을 가진 귀엽고 달콤한 딸기케이크를 먹는 곰돌이캐릭터 가게 로고 만들기"를 입력한 후 [생성]을 클릭합니다.

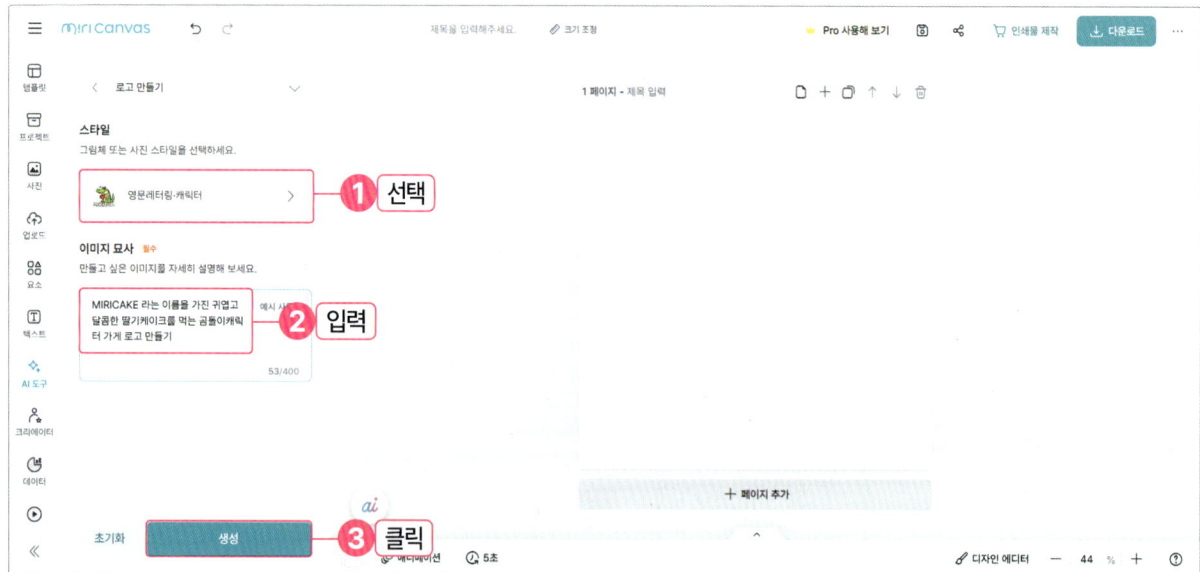

- 구체적으로 묘사하여 작성해야 상상하던 로고를 만들 수 있습니다.
- 같은 이미지 묘사를 작성하더라도 매번 다른 이미지가 생성됩니다.
- [13장]-[불러올파일] 폴더에 AI 검색을 통한 이미지를 제공하며, 따라하기에 사용할 수 있습니다.

❸ 이미지가 생성되면 마음에 드는 이미지를 선택한 다음 [이미지 캔버스에 추가]를 클릭합니다.

 교재와 같은 이미지로 따라하기를 실행할 경우 [업로드]를 클릭 후 [13장 > 불러올파일 > AI 로고] 파일을 업로드한 후 카드뉴스 페이지에 삽입하여 사용합니다.

❹ 추가된 이미지를 마우스 오른쪽 단추를 눌러 [배경으로 만들기]를 클릭합니다.

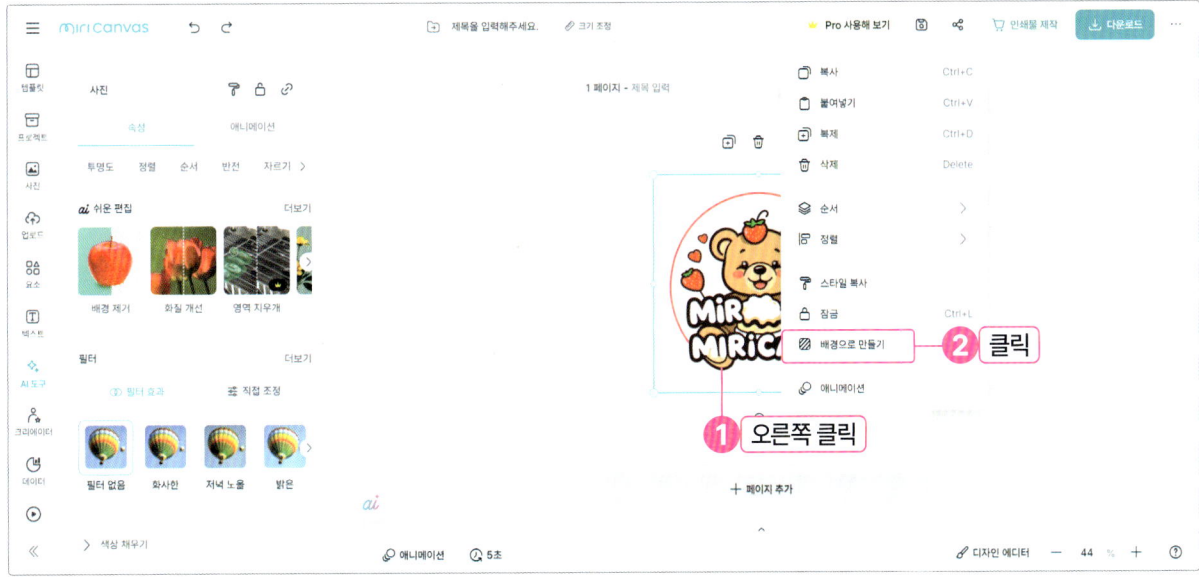

 그림이 마음에 들지 않을 경우 [다시 생성]을 클릭할 수 있지만 무료 버전에서는 한 계정 당 10회로 생성 횟수가 정해져 있으니 유의해주세요.

03 빈공간 꾸미고 저장하기

❶ [요소()]에서 "반짝이" 등을 입력한 후 Enter 를 눌러 검색하고 원하는 요소를 추가하여 빈 공간을 꾸밉니다.

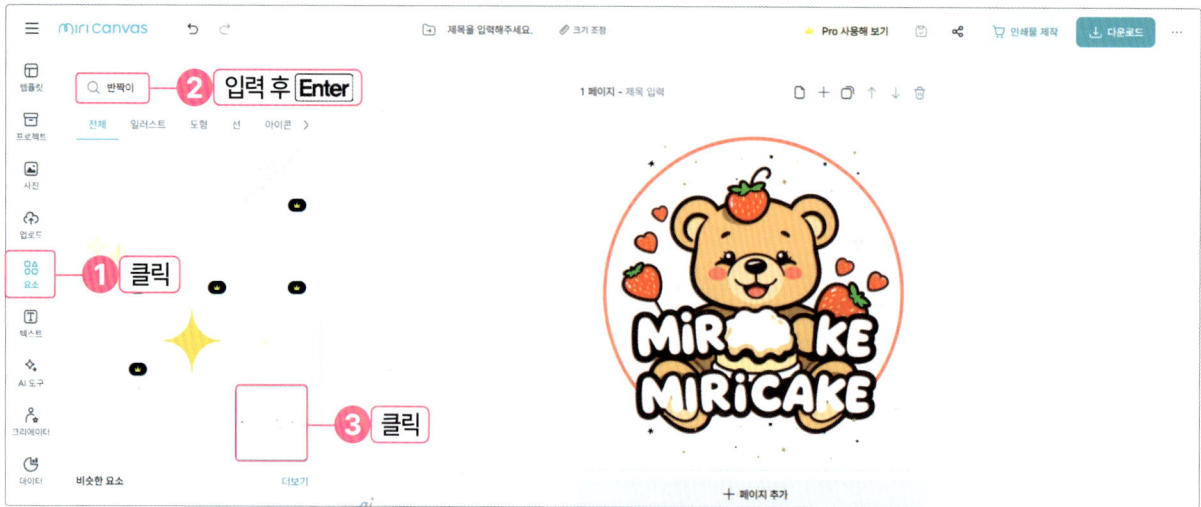

> **선생님 TIP** 마음에 드는 요소의 [메뉴(…)]-[비슷한 요소 찾기]를 클릭하면 비슷한 요소를 더 많이 볼 수 있습니다.

❷ 상단 도구의 [제목을 입력해주세요.]에 "AI로고 만들기_완성"을 입력 후 Enter 를 누릅니다.

❸ [다운로드(⬇ 다운로드)]-[파일형식(JPG(웹용))]-[빠른 다운로드]를 클릭하여 저장합니다.

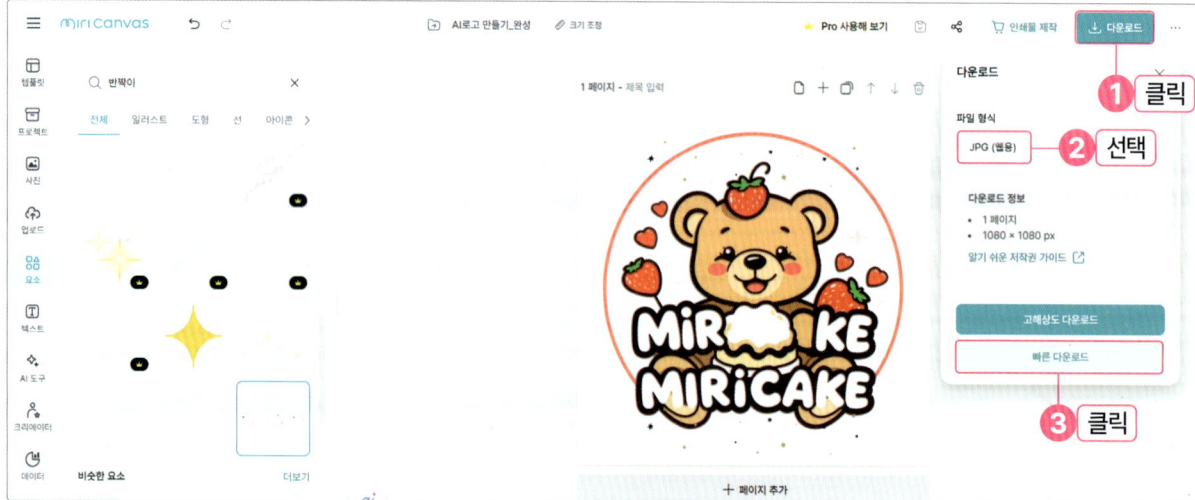

도전! 혼자서 해결해 보아요

CHAPTER 13

📁 완성된 파일 : AI일러스트 만들기_완성

내가 상상하던 장면을 AI로 그려볼까?

✦ **미션 1 :** 좌측 상단 [전체메뉴(≡)]를 클릭하여 [새 디자인 만들기]-[카드뉴스]를 선택합니다.

✦ **미션 2 :** [AI 도구]-[일러스트]를 클릭하고 원하는 일러스트를 상상하여 입력해 봅니다.

✦ **미션 3 :** [요소]를 클릭하고 AI로 그려진 이미지와 어울리는 다양한 요소들로 꾸며 봅니다.

선생님의 검색어 HINT ▷

스타일: 겨울 엽서
이미지 묘사: 어린이들이 넓은 공원에서 목도리와 장갑을 끼고 눈사람을 만들고 있는 모습

CHAPTER 13 AI로 로고만들기

CHAPTER 14 AI로 캐릭터 만들기

학습 목표
- [AI 도구]를 이용하여 캐릭터를 만듭니다.
- [AI 도구]로 추가한 이미지를 배경으로 설정하고 디자인의 크기를 조정합니다.
- 텍스트를 입력하고 글꼴, 글자색, 외곽선 등을 수정합니다.

 완성된 파일 : AI 캐릭터 만들기_완성

오늘 배울 내용은?

미리캔버스에서 제공하는 AI 도구를 이용하여 캐릭터를 만들어봅니다.

01 새 디자인에 배경을 설정하기

① 워크스페이스에서 [새 디자인 만들기]를 클릭한 다음 [프레젠테이션]을 클릭합니다.

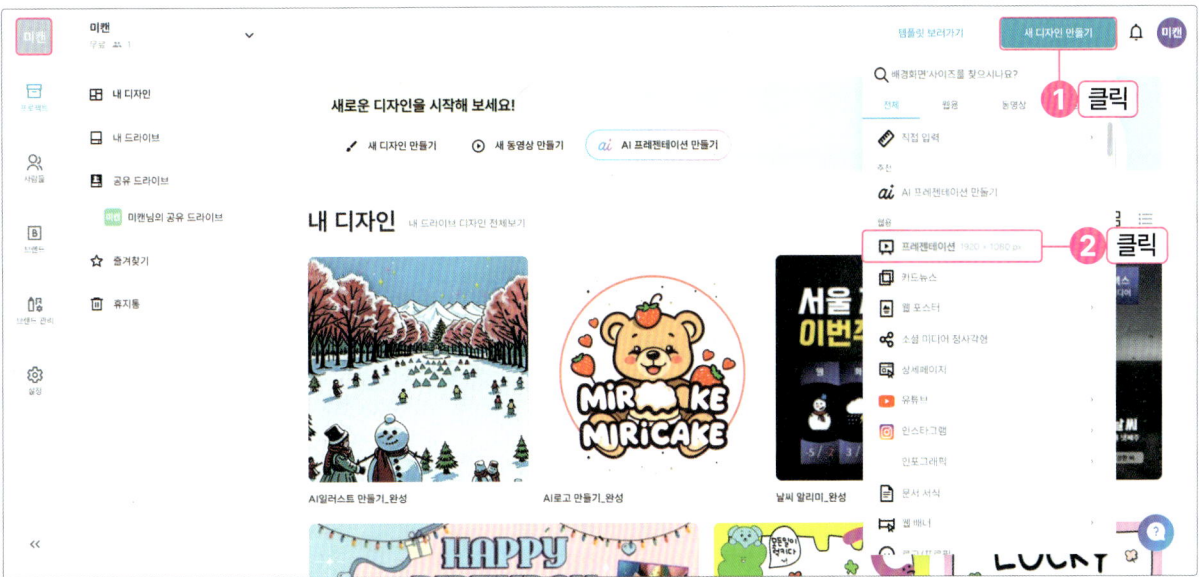

02 AI로 캐릭터 만들기

① [AI 도구]-[캐릭터만들기]를 클릭합니다.

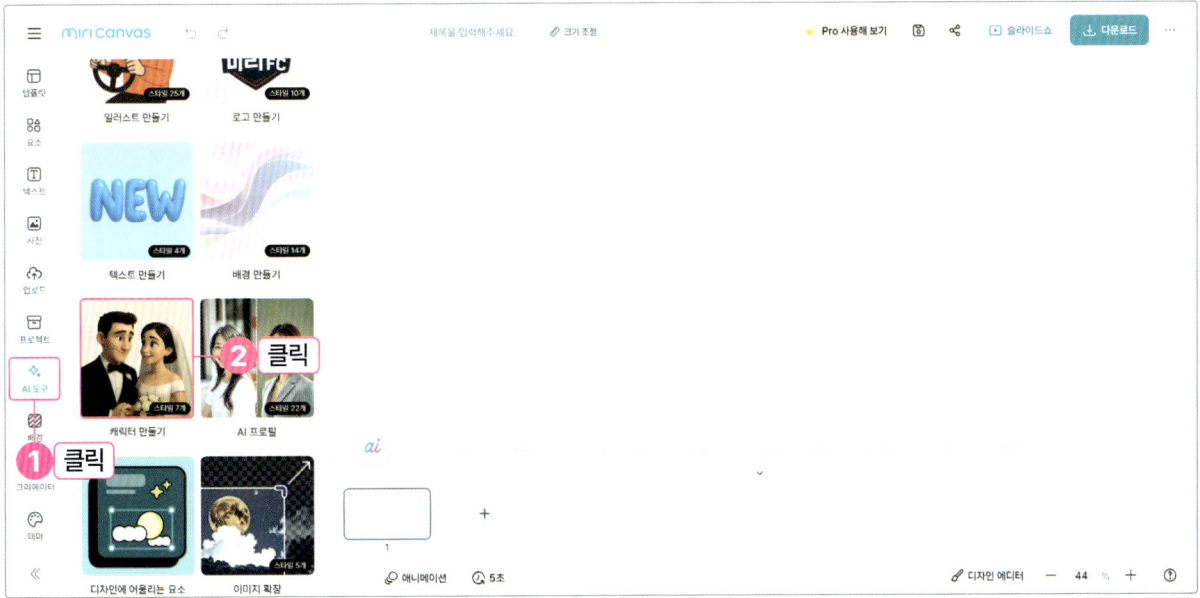

CHAPTER 14 AI로 캐리커쳐 만들기 • 093

❷ [스타일]-[인물만화]를 선택한다음 [이미지 묘사]에 "친구들과 집에서 생일파티하는 여자아이"를 입력합니다.

❸ [이미지 첨부]를 활성화한 다음 [업로드]를 클릭하고 [14장 > 불러올파일 > 여자아이.jpg]를 클릭한 다음 [열기]합니다.

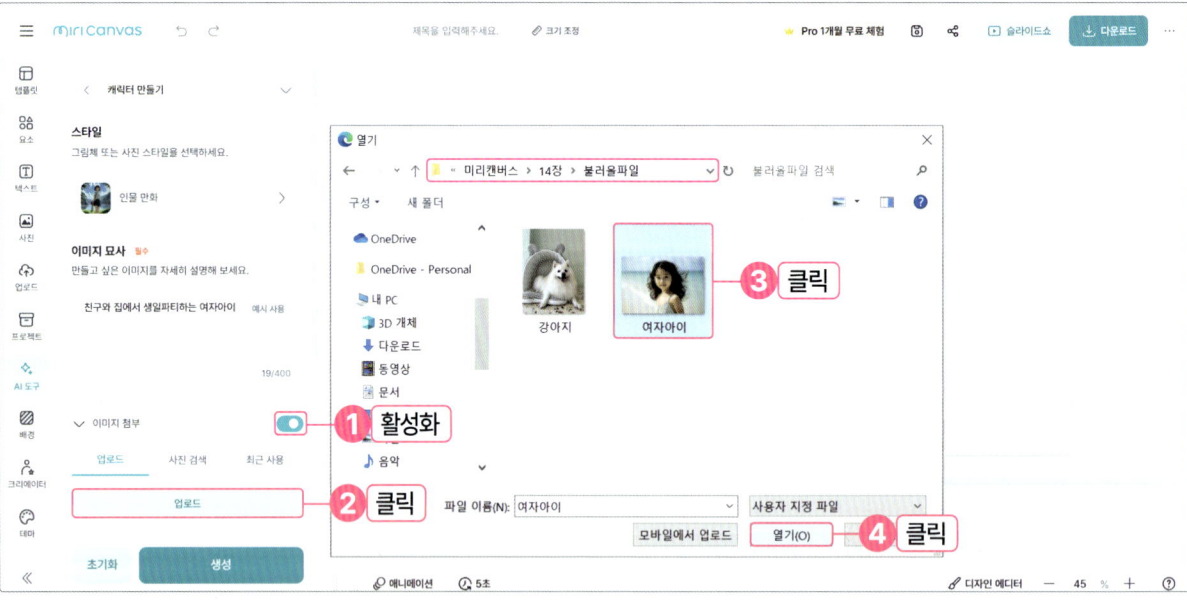

④ 불러온 이미지를 선택한 다음 [이미지 변형 강도]를 "0.9"로 변경한 다음 [생성]을 클릭합니다.

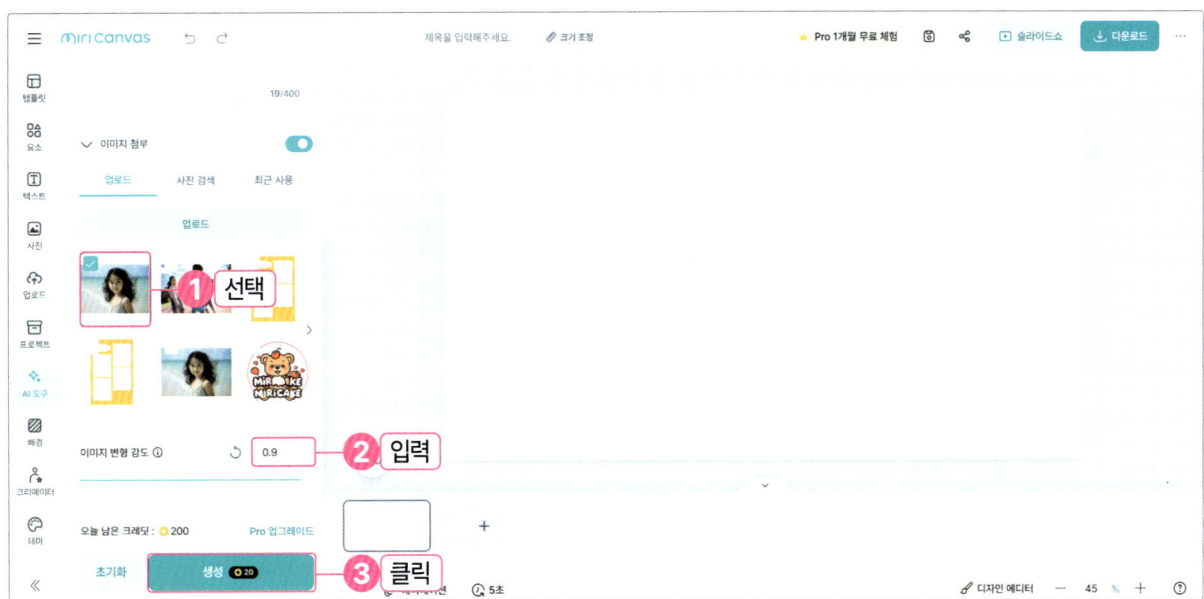

 선생님 TIP
- 이미지 변형 강도의 숫자가 낮을수록 첨부한 이미지와 유사한 결과물을 그려요.
- 교재와 같은 이미지로 따라하기를 실행할 경우 [업로드]를 클릭 후 [14장 > 불러올파일 > AI생성_여자아이] 파일을 업로드한 후 페이지에 삽입하여 사용합니다.

⑤ 생성된 이미지 중 마음에 드는 이미지를 선택한 다음 [이미지 페이지에 추가]를 클릭합니다.

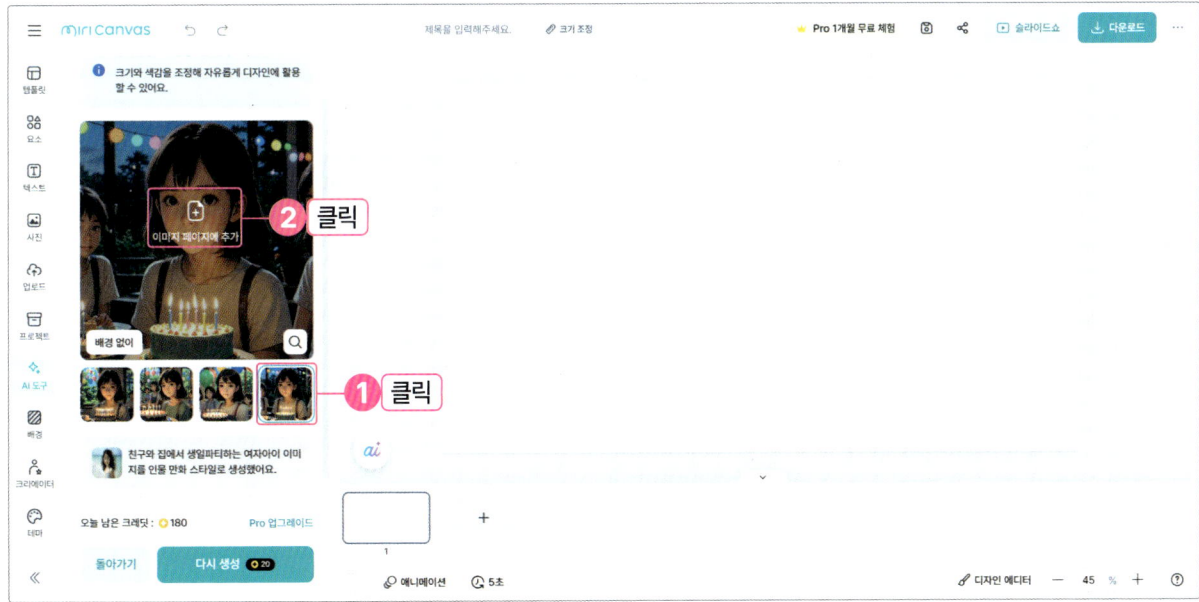

CHAPTER **14** AI로 캐리커쳐 만들기 • **095**

❻ 추가된 이미지를 마우스 오른쪽 단추를 눌러 [배경으로 만들기]를 클릭합니다.

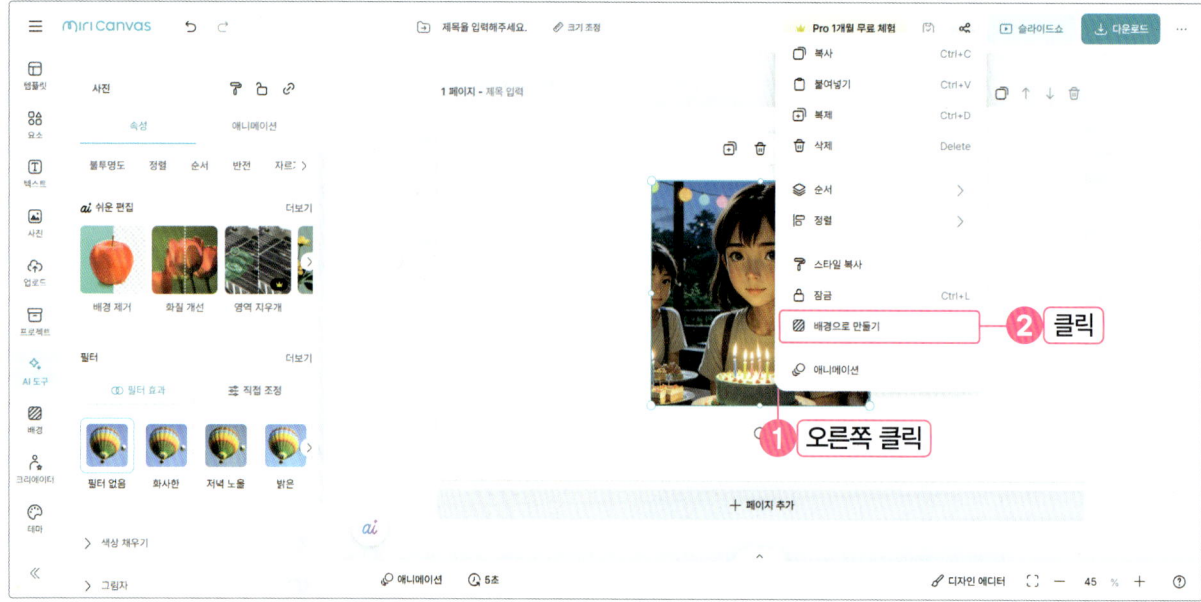

03 디자인 크기 조정하기

❶ 상단의 [크기조정(🖉)]을 클릭한 다음 [직접입력]에 "1000", "1000"을 각각 입력하고 [적용하기]를 클릭하면 이미지와 페이지 크기가 입력한 크기에 맞게 변경됩니다.

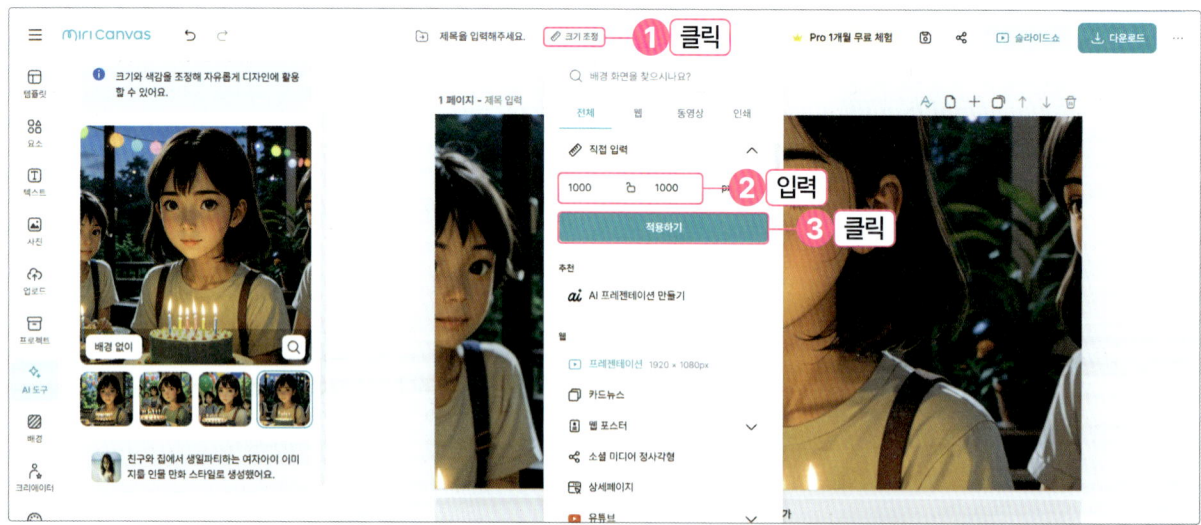

- 다른 사진을 이용하여 작품을 만들 경우 해당 이미지에 맞는 사이즈로 적용합니다.
- 배경을 더블클릭하여 배경 편집이 활성화 되었을 때 이미지를 이동하여 편집할 수 있습니다.

04 텍스트 추가하기

① [텍스트(T)]-[제목 텍스트 추가]를 클릭한 다음 "03.26" Enter "나의 8번째 생일파티"를 입력합니다.

② 입력된 텍스트의 [글꼴(어비 세현체)] 및 [글자크기(50)], [글자색(흰색)], [글자 정렬(가운데 정렬)] 등을 지정합니다.

❸ [외곽선]의 활성화(⬤) 및 세부 항목을 열고 두께(20)를 수정한 후 텍스트 상자를 드래그하여 원하는 위치로 이동합니다.

05 저장하고 다운로드 하기

❶ 상단 도구의 [제목을 입력해주세요.]에 "AI 캐릭터 만들기_완성"을 입력 후 Enter 를 누릅니다.

❷ [다운로드(⬇ 다운로드)]-[파일형식(JPG(웹용))]-[빠른 다운로드]를 클릭하여 저장합니다.

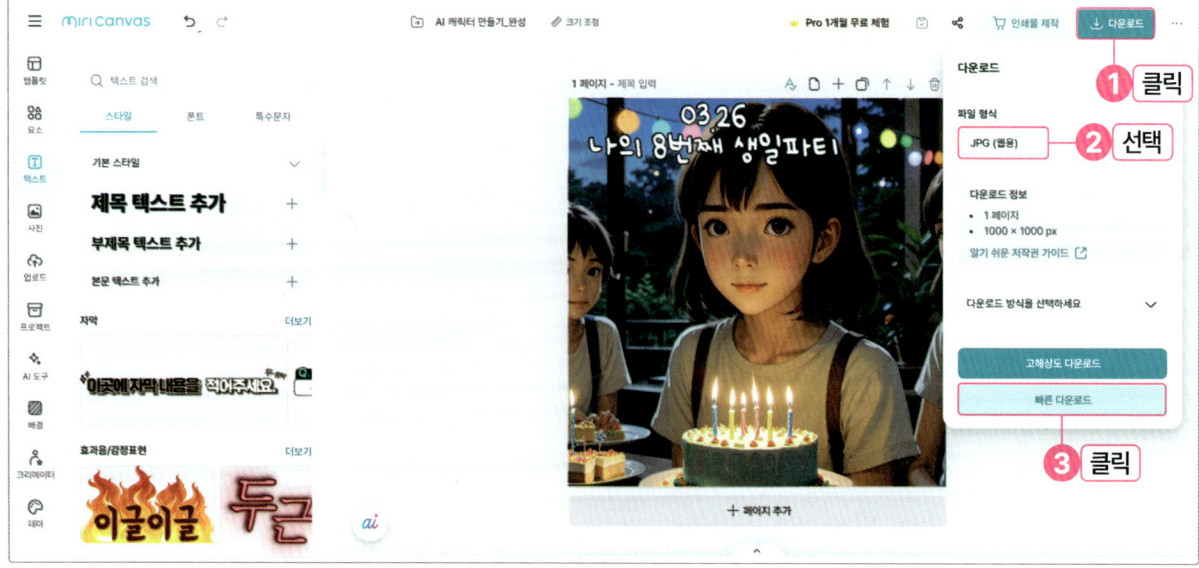

도전! 혼자서 해결해 보아요

CHAPTER 14

📁 완성된 파일 : 3D 동물 캐릭터_완성

🛡 아기 강아지일때는 어떤 모습이였을까?

❖ **미션 1 :** 좌측 상단 [전체메뉴(≡)]를 클릭하여 [새 디자인 만들기]-[카드뉴스]를 선택합니다.

❖ **미션 2 :** [AI 도구]-[캐릭터만들기]-[3D 동물캐릭터]의 [이미지묘사]에 원하는 모습을 상상하여 입력하고 이미지 첨부한 후 생성합니다.

❖ **미션 3 :** [텍스트]를 입력하고 글자색, 글꼴, 크기를 변경합니다.

선생님의 이미지묘사 HINT ▶ 장난감을 갖고 노는 하얀 스피츠 아기 강아지

CHAPTER 14 AI로 캐리커쳐 만들기 • **099**

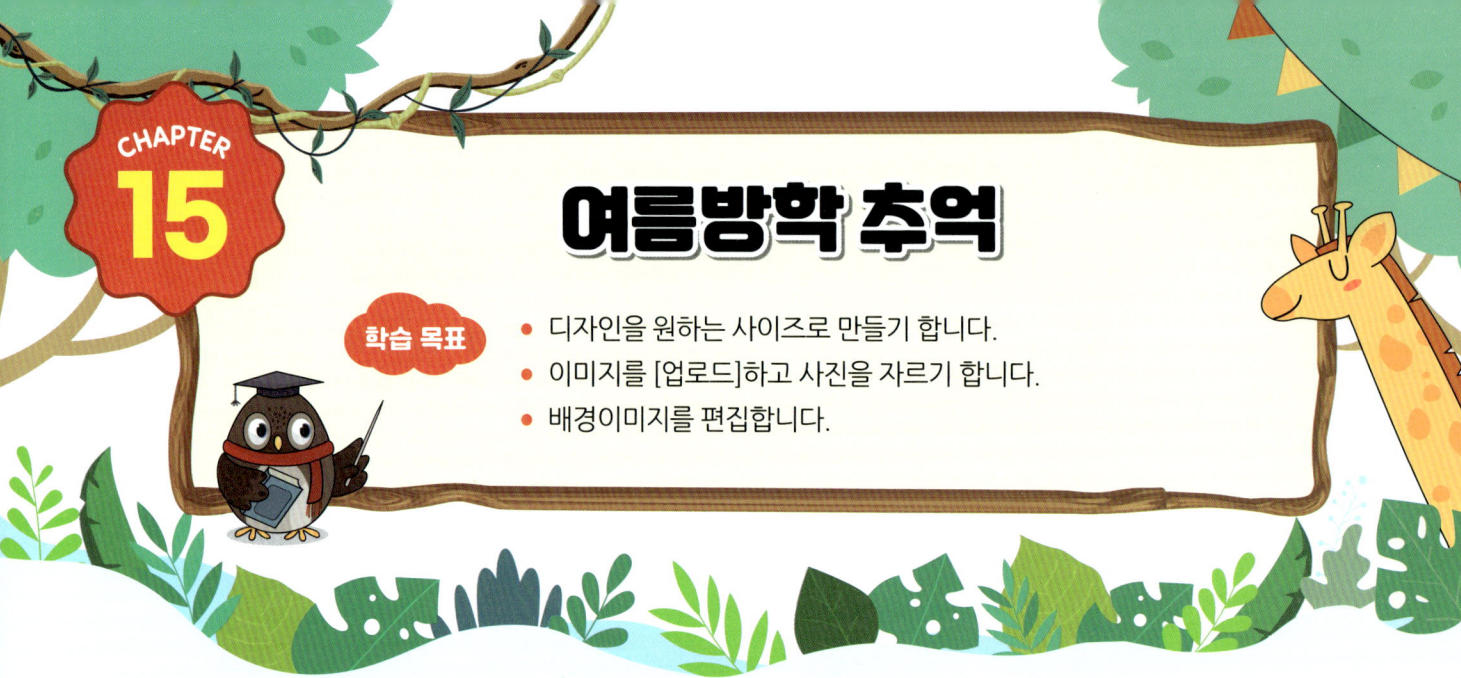

CHAPTER 15
여름방학 추억

학습 목표
- 디자인을 원하는 사이즈로 만들기 합니다.
- 이미지를 [업로드]하고 사진을 자르기 합니다.
- 배경이미지를 편집합니다.

🚩 **완성된 파일** : 인생네컷 만들기_완성

오늘 배울 내용은?

미리캔버스에서 제공하는 이미지를 이용하여 인생네컷을 만들어봅니다.

01 새 디자인에 배경을 설정하기

① 워크스페이스에서 [새 디자인 만들기]-[직접입력]을 클릭 후 "658", "977"을 각각 입력한 다음 [새 디자인 만들기]를 클릭합니다.

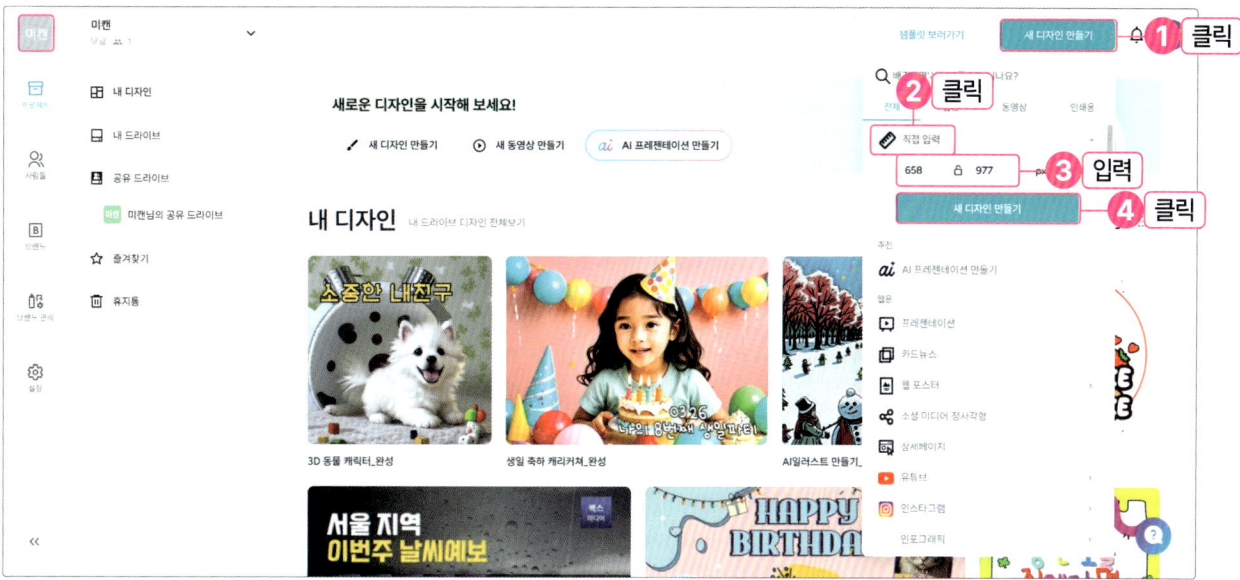

② [업로드(⬆)]-[업로드(업로드)]를 클릭한 다음 [열기] 대화상자에서 [15장>불러올파일>008.png]-[열기]를 클릭합니다.

❸ 업로드된 이미지를 클릭하여 삽입한 다음 추가된 이미지에서 마우스 오른쪽 단추를 눌러 [배경으로 만들기]를 클릭합니다.

❹ 배경이미지를 더블클릭한 후 편집상태에서 드래그하여 이미지가 가운데에 위치하도록 움직이고 [이미지 영역 적용하기(✓)]를 클릭합니다.

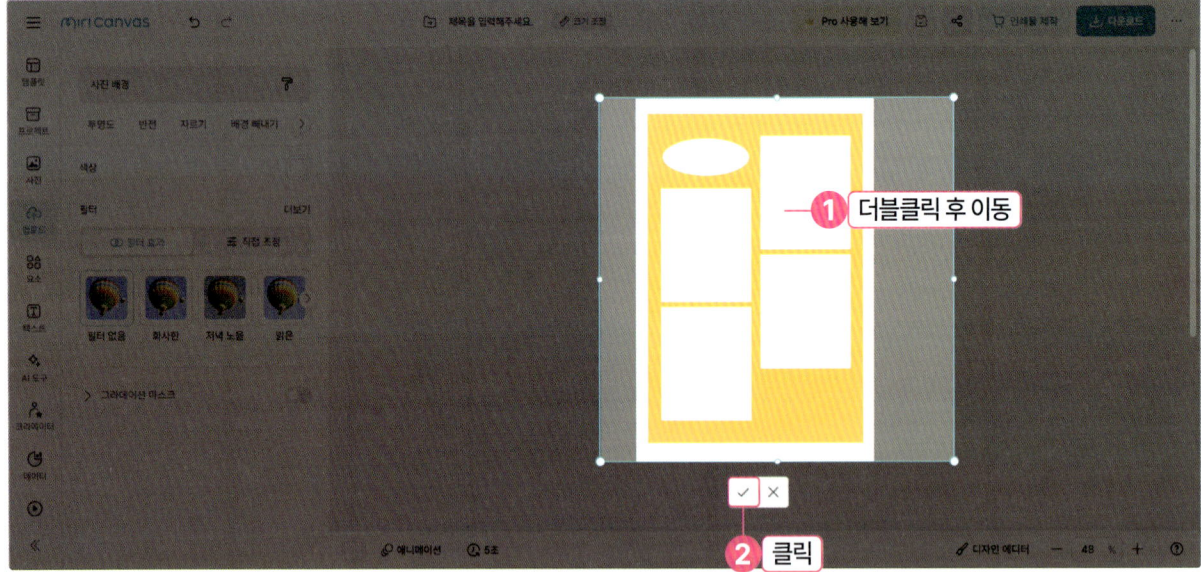

02 이미지 업로드하기

① [업로드(⬆)]-[업로드(업로드)]를 클릭한 다음 [15장〉불러올파일〉사진1.png]-[열기]를 클릭합니다.

② 업로드된 이미지를 클릭하여 삽입한 다음 이미지를 첫 번째 네모칸 위치까지 이동 및 조절점(◯)을 드래그하여 크기를 변경합니다.

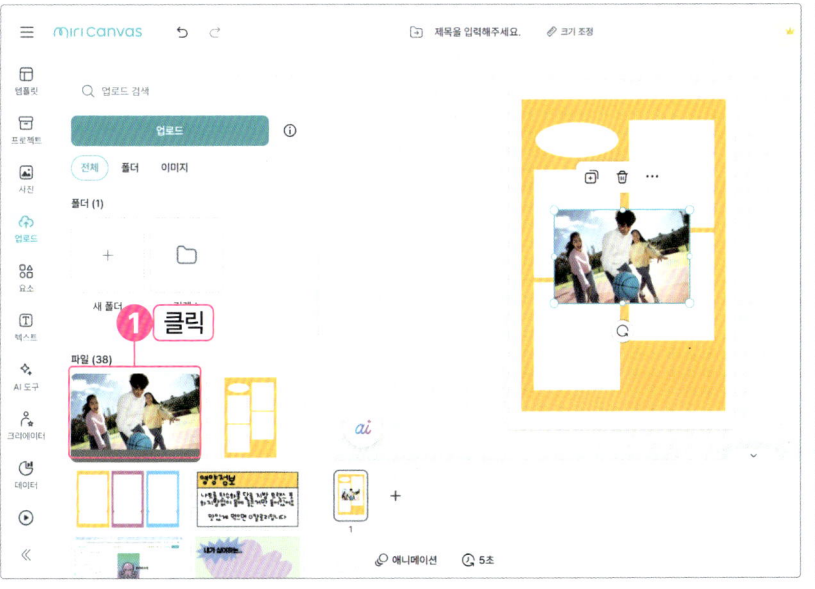

❸ 이미지를 더블클릭한 다음 [자르기(🔲)] 표시가 나타나면 드래그하여 배경의 흰색 사각형에 맞추어 크기를 변경하고 [이미지 영역 적용하기(✓)]를 클릭합니다.
같은 방법으로 사진2 ~ 사진4 이미지도 추가한 후 자르기를 통해 그림과 같이 수정합니다.

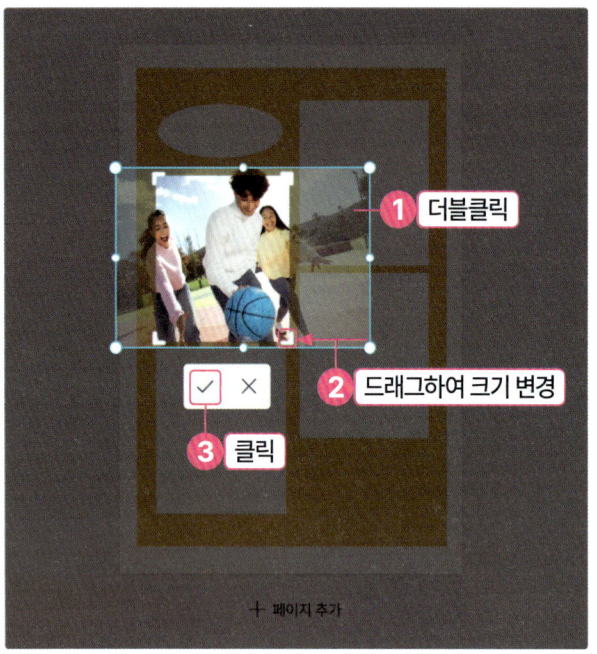

03 텍스트 추가하기

❶ [텍스트(T)]-[부제목 텍스트 추가]를 클릭한 다음 "소중한" Enter "내친구들"을 입력한 후 [글자색(A #FD6F22)]을 수정합니다.

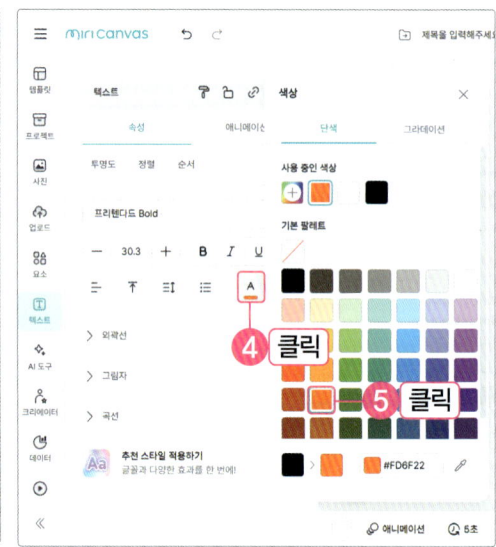

❷ [글꼴(210 수업시간R)] 및 [글자크기(27)]를 수정하고 그림과 같이 타원 모양 위치로 이동합니다.

04 텍스트 복제하기

❶ 텍스트 상자 위에서 마우스 오른쪽 단추를 눌러 [복제]를 클릭한 후 그림과 같이 빈 공간으로 이동합니다.

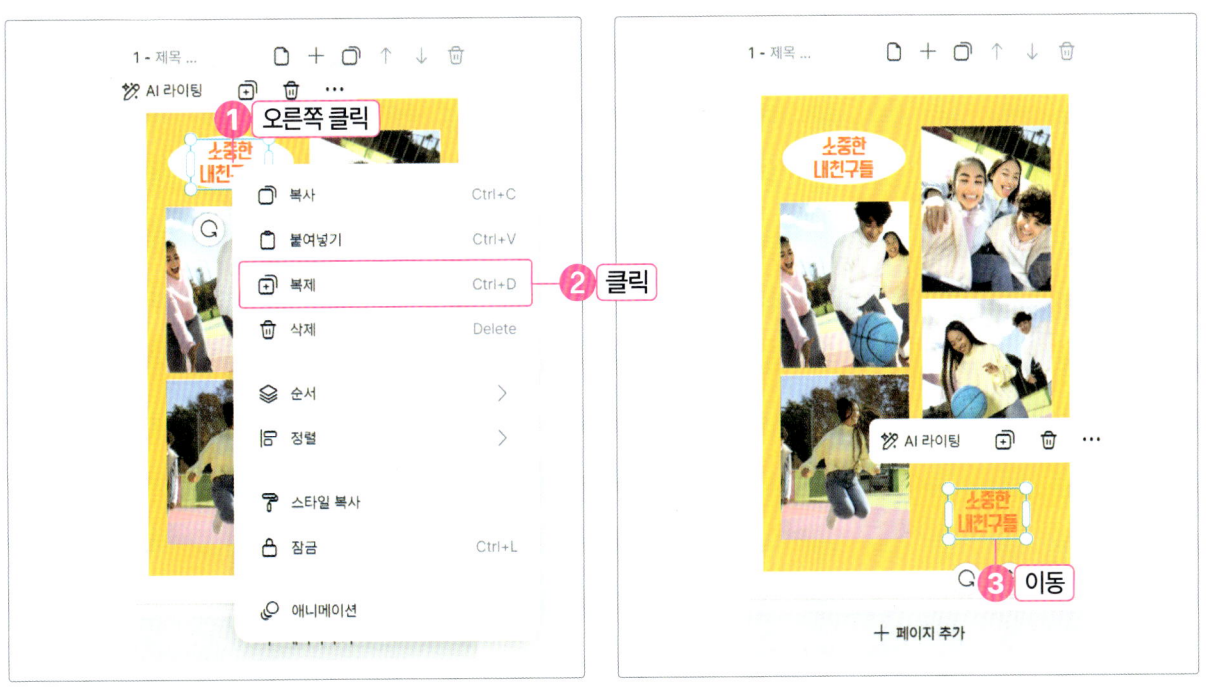

❷ 복제된 텍스트상자를 더블클릭한 다음 "렉스의" Enter "인생네컷"을 입력하고 텍스트의 [글자색(🅰검정색)] 및 [글자크기(40)]를 수정합니다.

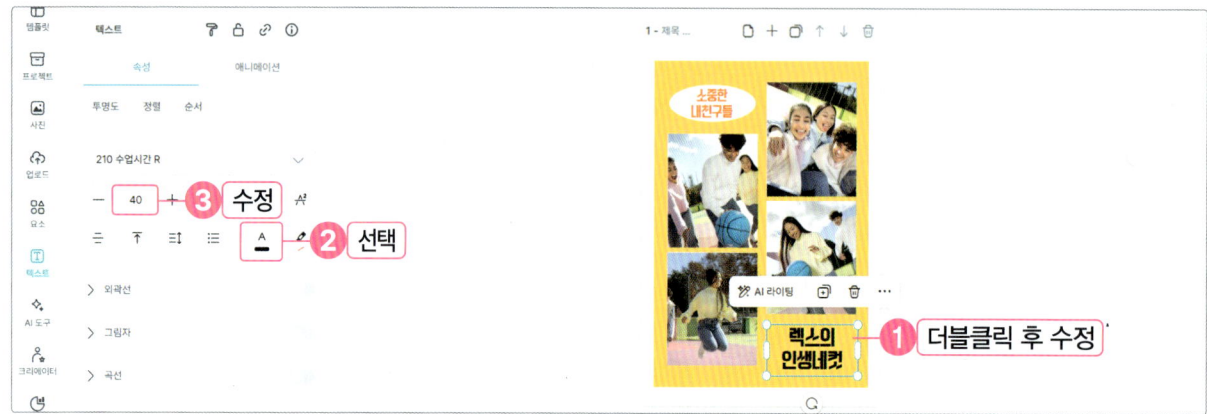

05 저장하고 다운로드하기

❶ 상단 두구의 [제목을 입력해주세요.]에 "인생네컷만들기_완성"을 입력 후 Enter 를 누릅니다.

❷ [다운로드(다운로드)]-[파일형식(JPG(웹용))]-[빠른 다운로드]를 클릭하여 저장합니다.

106 • 미리캔버스

도전! 혼자서 해결해 보아요

📁 완성된 파일 : 사진일기 만들기_완성

🛡 여름방학에는 어떤 추억을 만들었니?

❖ **미션 1 :** 좌측 상단 [전체메뉴(☰)]를 클릭하여 [새 디자인 만들기]-[직접입력]에 "900", "1100"을 입력하고 [새 디자인 만들기]를 합니다.

❖ **미션 2 :** [업로드]를 클릭하고 '그림일기' 이미지를 업로드합니다.

❖ **미션 3 :** [요소]를 이용하여 그림일기를 만들고 [텍스트]를 추가하여 내용을 입력합니다.

  바다, 조개, 기러기, 열대어, 어린이, 배

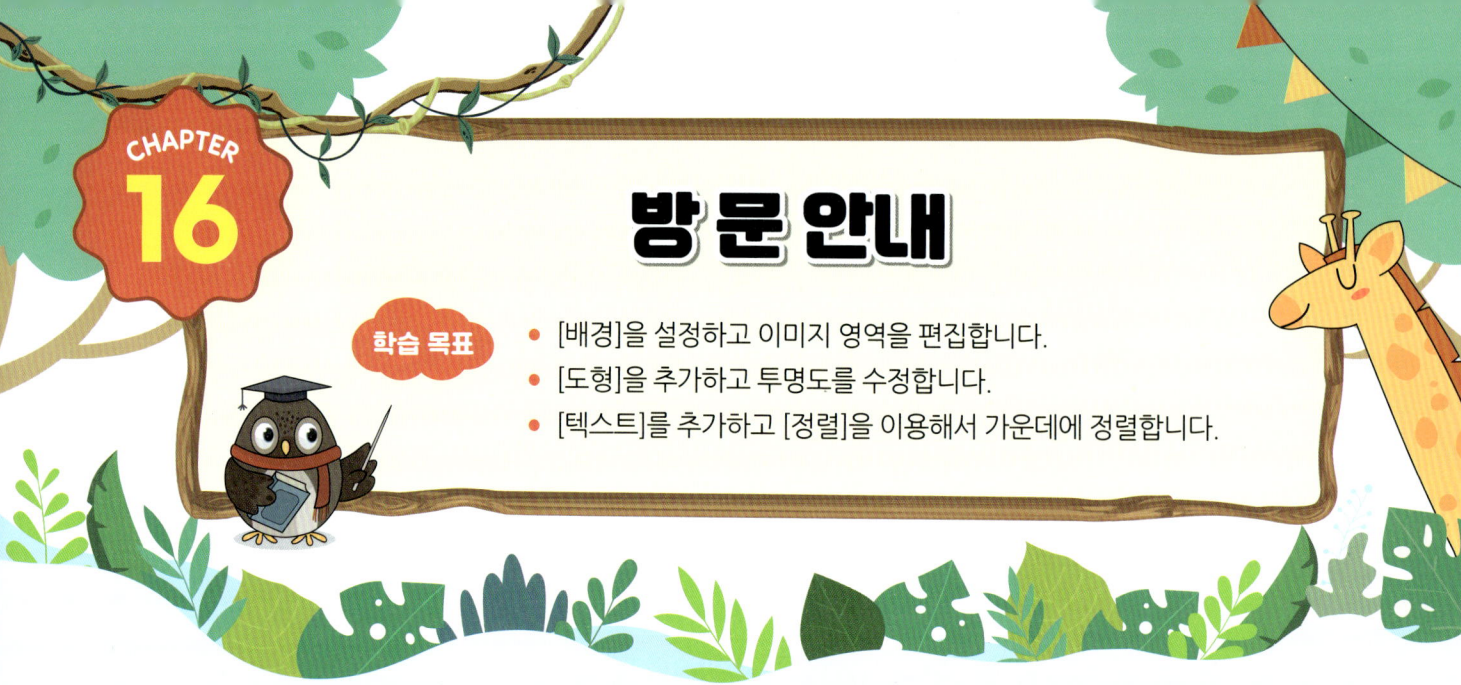

CHAPTER 16 방문 안내

학습 목표
- [배경]을 설정하고 이미지 영역을 편집합니다.
- [도형]을 추가하고 투명도를 수정합니다.
- [텍스트]를 추가하고 [정렬]을 이용해서 가운데에 정렬합니다.

📁 완성된 파일 : 방 문 안내_완성

오늘 배울 내용은?

미리캔버스에서 제공하는 배경과 이미지를 이용하여 내방의 방 문 안내를 만들어봅니다.

01 새 디자인에 배경을 설정하기

① 워크스페이스에서 [새 디자인 만들기]를 클릭한 다음 [프레젠테이션]을 클릭합니다.

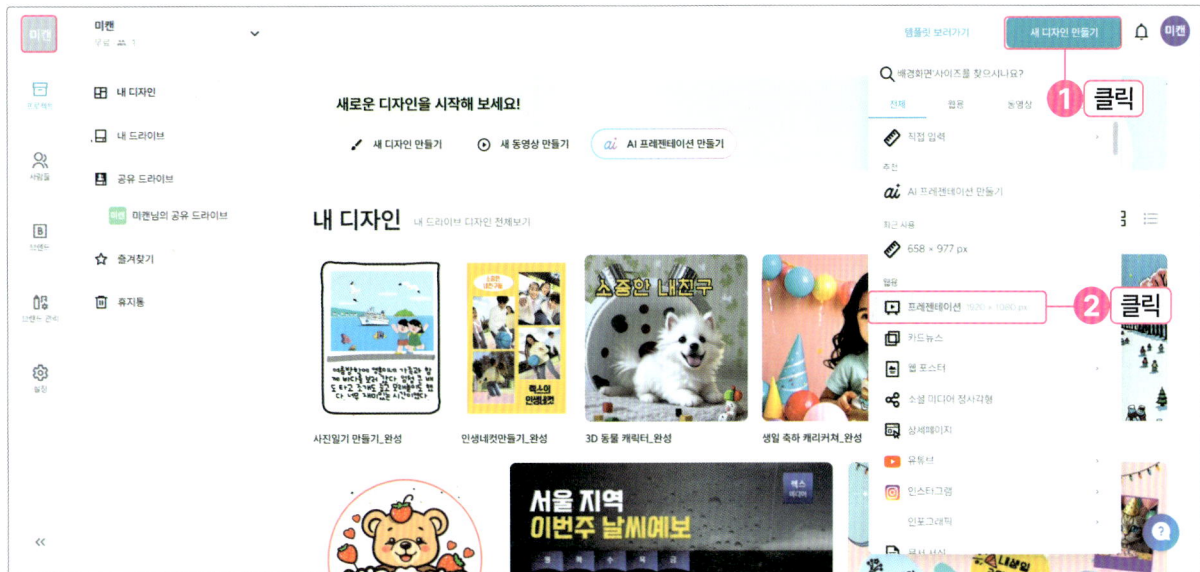

② [배경(⊘)]-[배경 검색]에 "손그림"을 입력하고 Enter 를 눌러 검색한 다음 검색 목록에서 원하는 배경 이미지를 클릭합니다.

❸ 배경의 위치를 변경하기 위해 배경을 더블클릭한 후 위쪽으로 드래그하여 배경의 아래쪽을 기준으로 맞춘 뒤 [이미지 영역 적용하기(✓)]를 클릭합니다.

02 텍스트 추가하기

❶ [텍스트(T)]-[제목 텍스트 추가]를 클릭한 다음 "쉿, 지금은" Enter "공부하는 중 입니다"를 입력합니다.

❷ [글꼴(어비 찌바체)] 및 [글자크기(135)]를 수정한 다음 [글자정렬(가운데 정렬)]을 지정합니다.

❸ 텍스트 상자를 이동 및 조절점(　)을 드래그하여 크기를 변경한 다음 [속성]-[정렬]의 [가운데] 및 [중간]을 클릭하여 정렬합니다.

03 요소 추가하기

❶ [요소(　)]-[도형]의 [기본도형(■사각형)]을 클릭합니다.

❷ 도형을 이동 및 조절점( )을 드래그하여 크기를 변경, 그림과 같이 배치합니다.

❸ 사각형의 [둥근모서리(40)]를 수정하고 [색상(#B96BC6)]을 변경합니다.

④ 사각형 도형의 [속성]-[불투명도]를 클릭 후 [불투명도(70)]를 수정합니다.

⑤ [요소(🔳)]-[전체]로 변경한 후 검색창에 "튤립 라인"을 검색하고 Enter 를 눌러 검색한 다음 원하는 요소를 클릭하여 추가 삽입합니다.

❻ 삽입된 요소는 마우스 오른쪽 단추를 눌러 [복제]를 클릭한 다음 적절한 위치로 이동합니다. 같은 방법으로 하나 더 복제하여 그림과 같이 배치합니다.

04 저장하고 다운로드하기

❶ 상단 도구의 [제목을 입력해주세요.]에 "방 문 안내_완성"을 입력 후 Enter 를 누릅니다.

❷ [다운로드(다운로드)]-[파일형식(JPG(웹용))]-[빠른 다운로드]를 클릭하여 저장합니다.

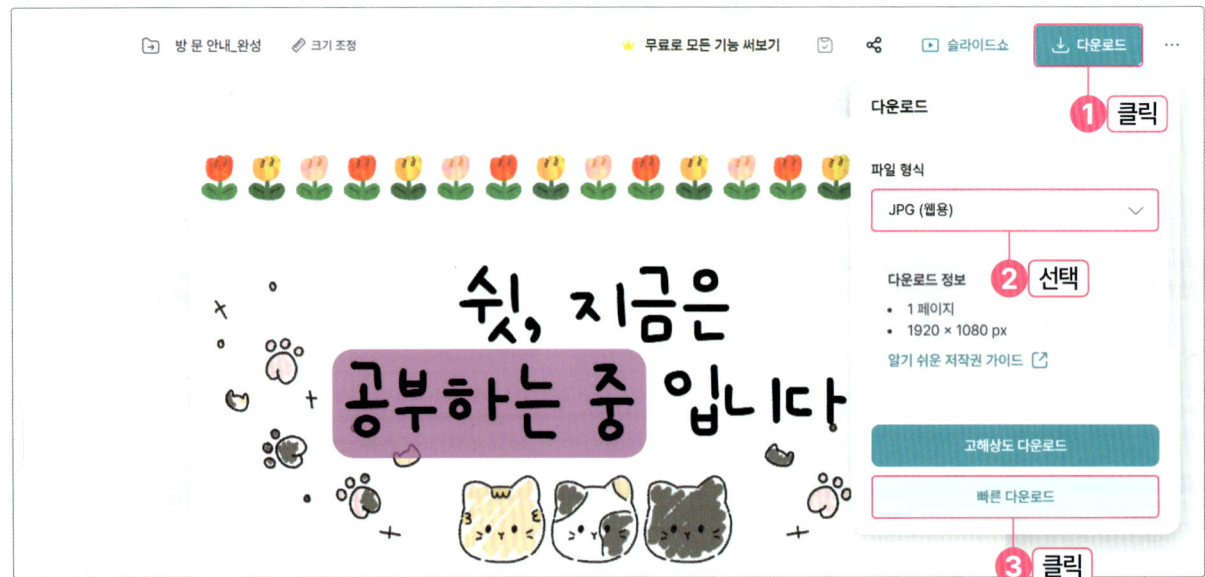

114 • 미리캔버스

도전! 혼자서 해결해 보아요

CHAPTER 16

📁 완성된 파일 : 외출 전 체크리스트_완성

외출 전에는 무엇을 체크해야할까?

❖ **미션 1 :** 좌측 상단 [전체메뉴(≡)]를 클릭하여 [새 디자인 만들기]-[프레젠테이션]을 선택합니다.

❖ **미션 2 :** [배경]에서 "학습"을 검색하여 배경 이미지를 삽입합니다.

❖ **미션 3 :** [텍스트]을 클릭하고 "외출 전 체크했나요?"를 입력하고 두글자만 글자색을 변경합니다.

❖ **미션 4 :** [요소]에서 "팔각형"을 추가하여 틀을 만들고, [텍스트]를 추가합니다.

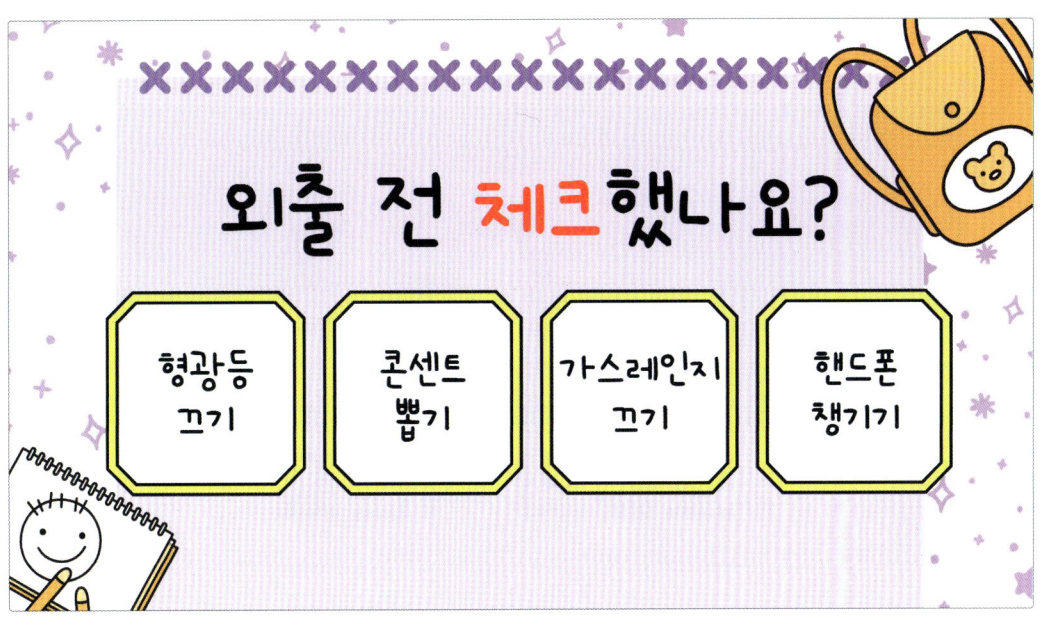

선생님의 검색어 HINT ▶ 학습, 팔각형, 책가방, 학교생활

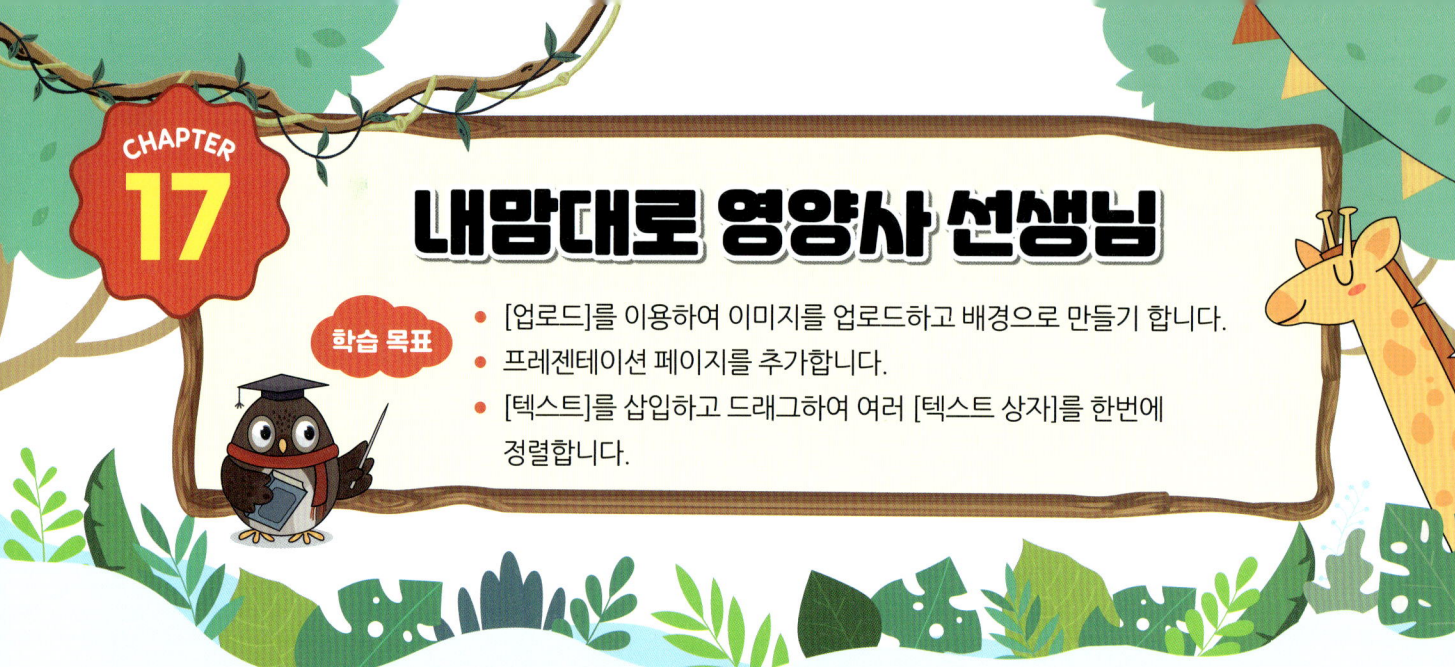

CHAPTER 17
내맘대로 영양사 선생님

학습 목표
- [업로드]를 이용하여 이미지를 업로드하고 배경으로 만들기 합니다.
- 프레젠테이션 페이지를 추가합니다.
- [텍스트]를 삽입하고 드래그하여 여러 [텍스트 상자]를 한번에 정렬합니다.

📁 **완성된 파일** : 오늘의 급식표_완성

오늘 배울 내용은?

미리캔버스에서 제공하는 배경과 이미지를 이용하여 나만의 급식표를 만들어봅니다.

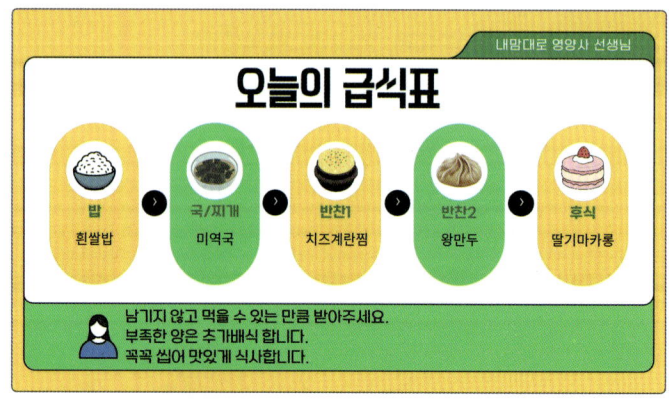

01 새 디자인에 페이지 추가하기

① 워크스페이스에서 [새 디자인 만들기]를 클릭한 다음 [프레젠테이션]을 클릭합니다.

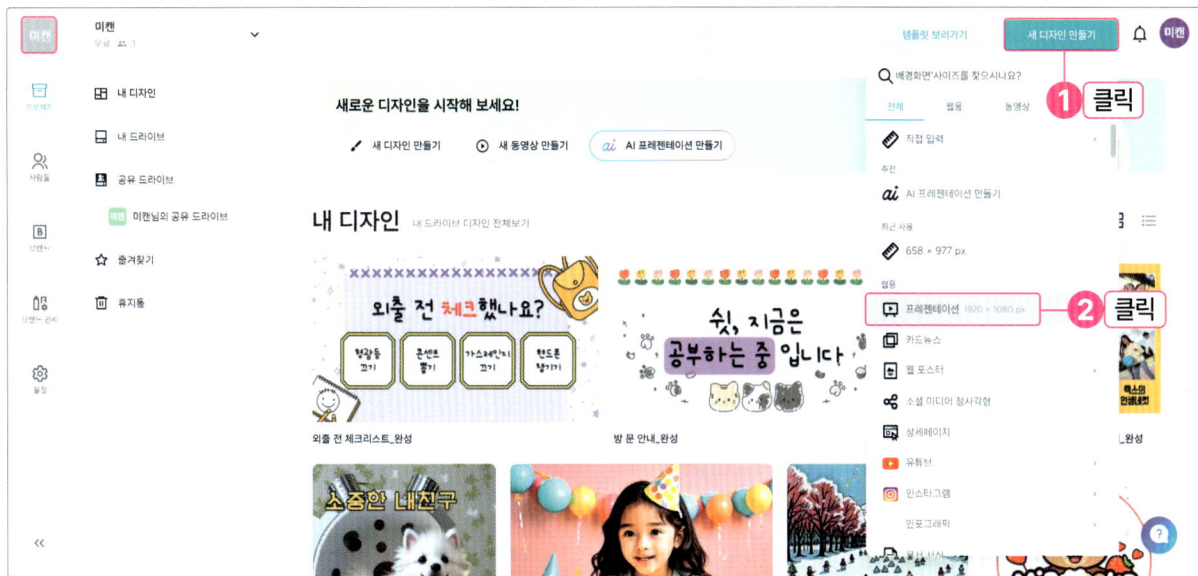

② 페이지를 추가하기 위해 하단의 [페이지 추가(+)]를 클릭합니다.

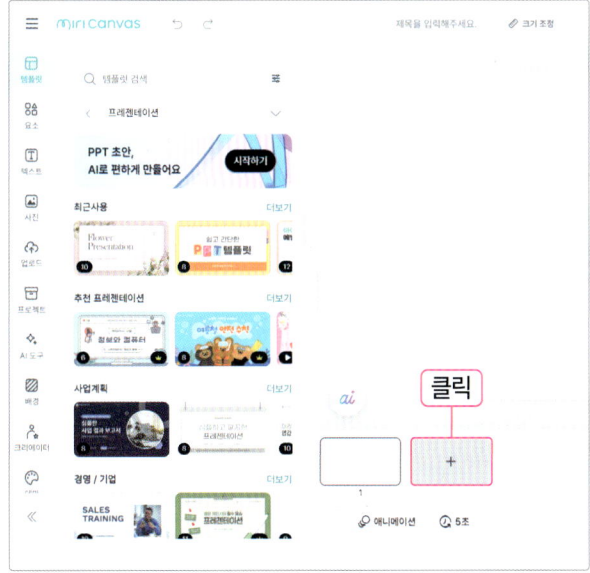 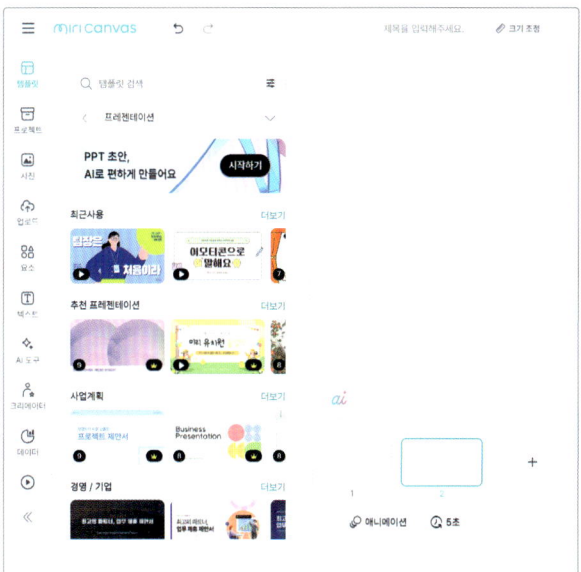

02 배경 업로드하기

① 첫 번째 페이지를 클릭한 후 [업로드(🔼)]-[업로드(업로드)]를 클릭한 다음 [17장>불러올파일>1페이지.jpg]-[열기]를 클릭합니다.

② 업로드된 이미지를 클릭하여 삽입한 다음 마우스 오른쪽 단추를 눌러 [배경으로 만들기]를 클릭합니다.

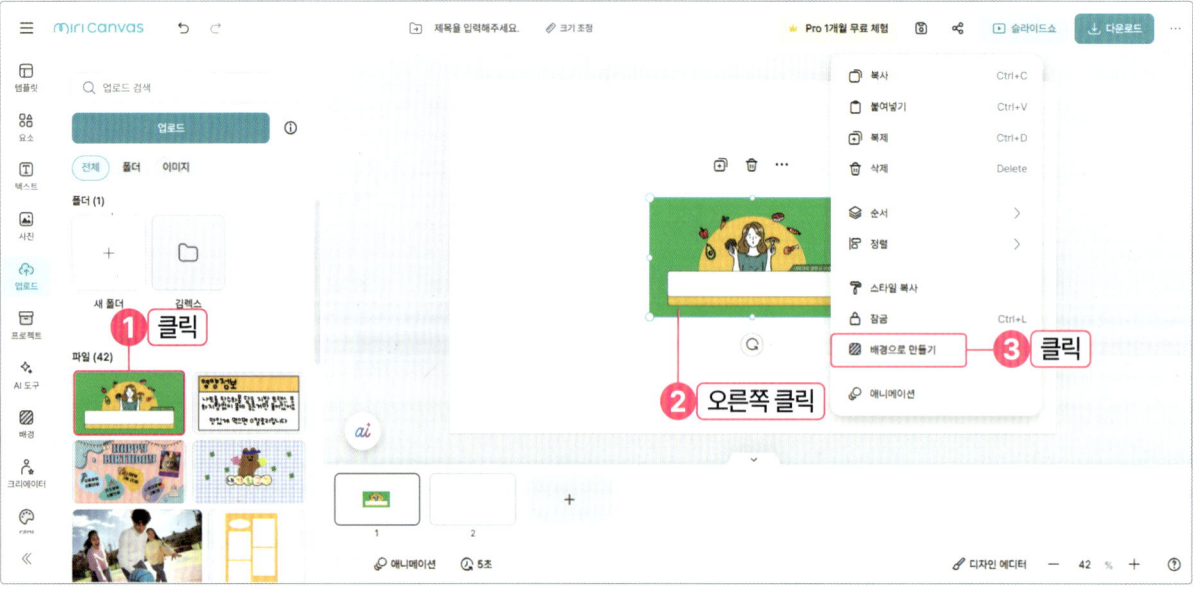

❸ ❶~❷번 방법으로 두 번째 페이지에는 '2페이지.jpg'를 삽입하고 [배경으로 만들기]를 선택합니다.

03 텍스트 추가하기

❶ 첫 번째 페이지에서 [텍스트(T)]-[제목 텍스트 추가]를 클릭한 다음 "오늘의 식단표"를 입력합니다.

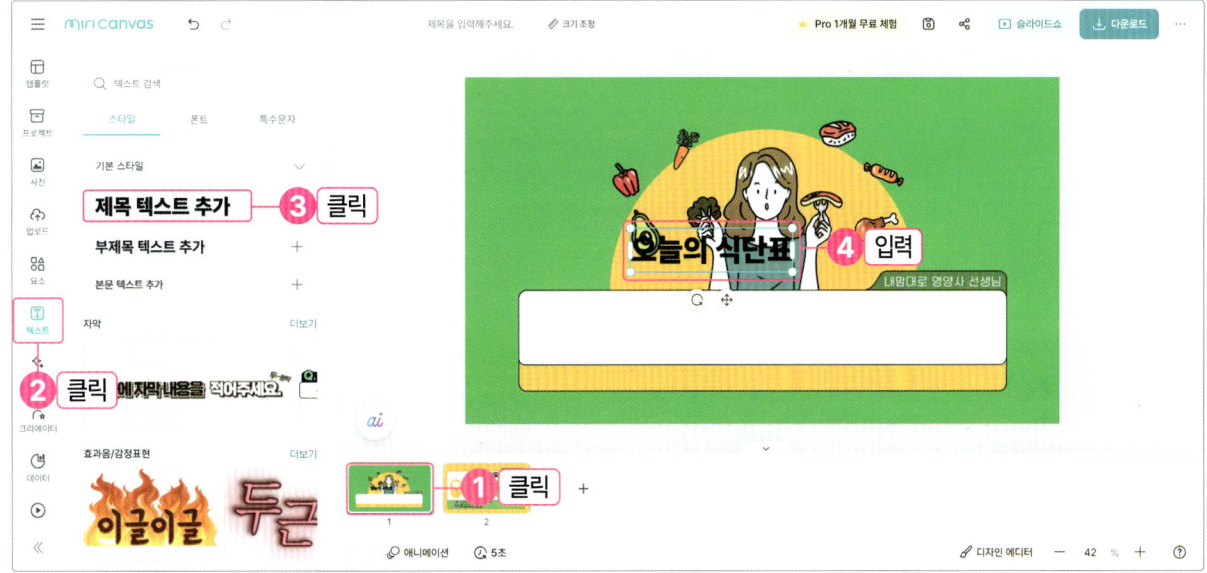

❷ [글꼴(어그로체M)] 및 [글자크기(120)]를 수정한 후 텍스트 상자를 이동 및 조절점( )을 드래그하여 크기를 변경, 그림과 같이 배치합니다.

❸ 두 번째 페이지로 이동한 다음 [텍스트(T)]-[본문 텍스트 추가]를 클릭한 후 "흰쌀밥"을 입력하고 적절한 위치로 이동합니다.
같은 방법으로 "미역국", "치즈계란찜", "왕만두". "딸기마카롱"을 각각 입력하고 이동합니다.

 텍스트 상자에서 Ctrl 을 누른 상태로 드래그하면 복사할 수 있습니다.

④ 삽입한 5개의 텍스트 상자가 모두 선택 되도록 빈 공간에서 드래그하여 모두 선택한 다음 [정렬]-[상단(상단)]을 클릭하면 위쪽을 기준으로 텍스트 상자가 정렬됩니다.

04 요소 추가하기

① [요소( )]에서 "흰쌀밥"을 입력한 후 Enter 를 눌러 검색하고 원하는 요소를 추가한 다음 이동 및 크기를 변경합니다.
같은 방법으로 "미역국", "치즈계란찜", "왕만두". "딸기마카롱"의 요소를 그림과 같이 추가합니다.

05 저장하고 다운로드하기

① 상단 도구의 [제목을 입력해주세요.]에 "오늘의 급식표_완성"을 입력 후 Enter 를 누릅니다.

② [다운로드(⬇ 다운로드)]-[파일형식(JPG(웹용))]-[빠른 다운로드]를 클릭하여 저장합니다.

도전! 혼자서 해결해 보아요

CHAPTER 17

📁 **완성된 파일** : 이번주 학급 시간표_완성

🛡 **내가 선생님이라면 시간표를 어떻게 짜볼까?**

❖ **미션 1** : 좌측 상단 [전체메뉴(☰)]를 클릭하여 [새 디자인 만들기]-[프레젠테이션]을 선택합니다.

❖ **미션 2** : [업로드]를 클릭하고 '시간표' 이미지를 업로드하여 배경으로 만들기 합니다.

❖ **미션 3** : [텍스트]를 클릭하고 원하는 시간표를 계획하여 입력합니다.

❖ **미션 4** : [요소]를 클릭하고 빈 공간을 꾸며봅니다.

 튤립, 학교생활, 선생님

CHAPTER 18 종합 활동 문제

- AI를 이용하여 작품을 만듭니다.
- 텍스트와 요소를 이용하고 작품을 저장합니다.

📁 완성된 파일 : 챕터18 자유작품_완성

나만의 일러스트 만들기

선생님의 검색어 HINT ▷ 놀이동산, 하트, 폭죽

선생님의 AI HINT ▷ • **스타일:** 플랫Ⅰ • **이미지 묘사:** 놀이동산에 놀러간 어린이들

따라하기!

❶ 프레젠테이션으로 새 디자인 만들기합니다.
❷ AI 도구의 일러스트 만들기를 클릭합니다
❸ 스타일은 플랫, 이미지 묘사에는 "놀이동산에 놀러간 어린이들"을 입력합니다.
❹ 텍스트 도구를 이용하여 텍스트를 추가하고 글꼴과 크기를 변경합니다.
❺ 요소를 이용하여 하트와 폭죽을 추가합니다.
❻ 완성된 작품은 저장하고 다운로드합니다.

■ 완성된 파일 : 챕터18 자유작품2_완성

나의 상상력과 고흐의 화풍이 만나면?

선생님의 검색어 HINT ▷ [명화 따라 그리기]

- **스타일:** 고흐
- **이미지 묘사:** 산과 구름에 덮여있는 작은 학교와 큰 나무들 그리고 뛰어노는 어린이
- **텍스트 글꼴:** 가비아 솔미체

❶ 프레젠테이션으로 새 디자인 만들기합니다.

❷ AI 도구의 명화따라 그리기를 클릭합니다

❸ 스타일은 고흐, 이미지 묘사에는 "산과 구름에 덮여있는 작은 학교와 큰 나무들 그리고 뛰어노는 어린이"를 입력하고 생성을 클릭합니다.

❹ 텍스트 도구를 이용하여 텍스트를 추가하고 글꼴과 크기를 변경합니다.

❺ 완성된 작품은 저장하고 다운로드합니다.

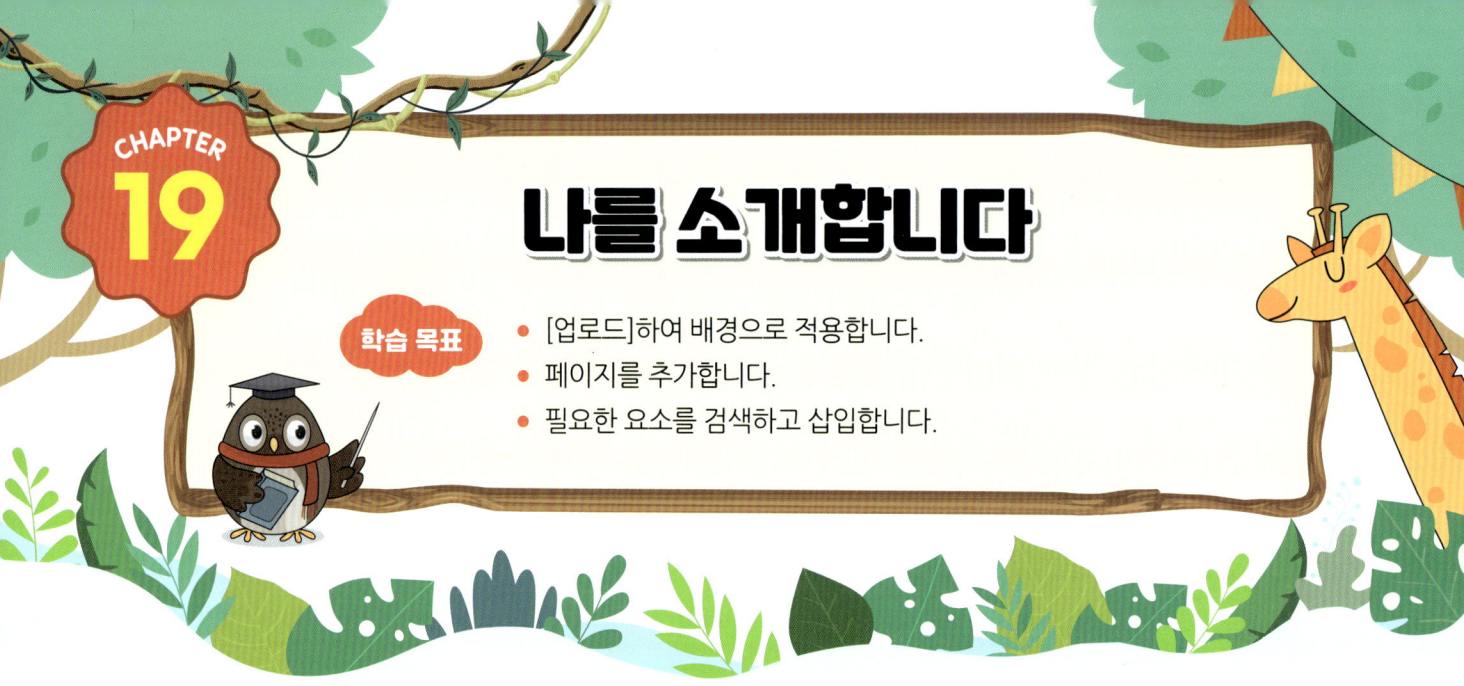

CHAPTER 19
나를 소개합니다

학습 목표
- [업로드]하여 배경으로 적용합니다.
- 페이지를 추가합니다.
- 필요한 요소를 검색하고 삽입합니다.

📁 완성된 파일 : 자기소개 PPT_완성

오늘 배울 내용은?

미리캔버스에서 제공하는 배경과 이미지를 이용하여 나를 소개하는 ppt를 만들어봅니다.

01 새 디자인에 배경을 설정하기

① 워크스페이스에서 [새 디자인 만들기]를 클릭한 다음 [프레젠테이션]을 클릭합니다.

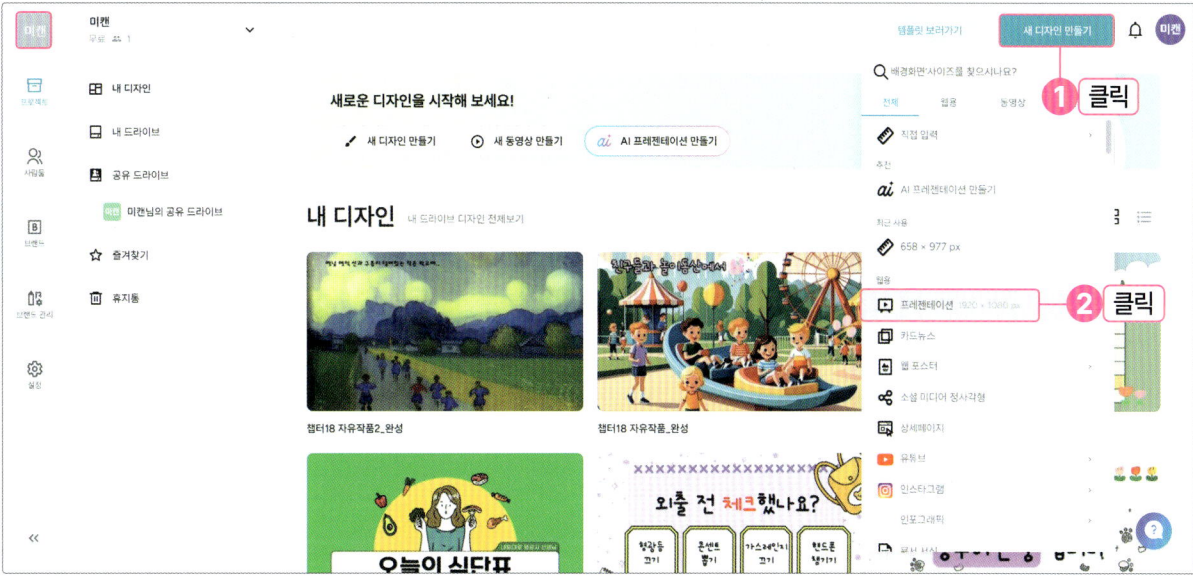

② 하단의 [페이지 추가(+)]를 3번 클릭하여 페이지를 추가한 다음 첫 번째 페이지를 클릭합니다.

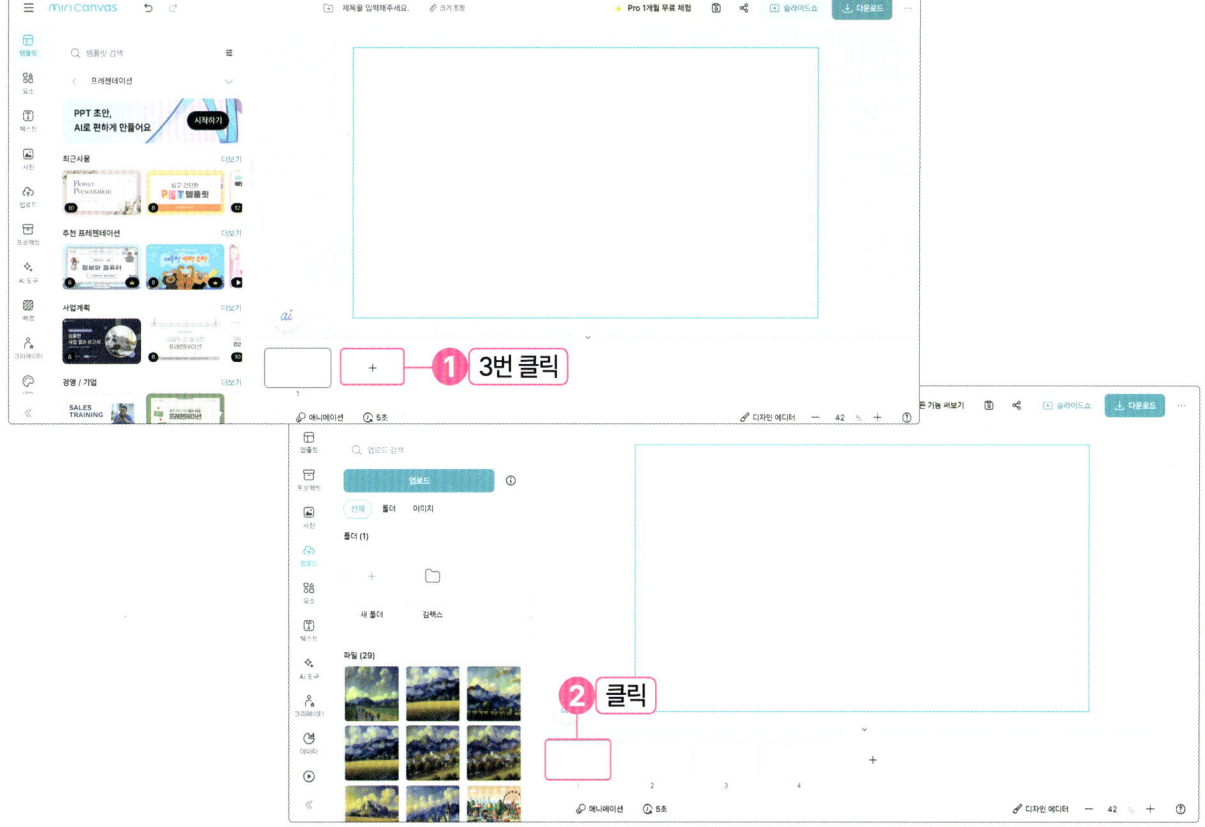

CHAPTER 19 나를 소개합니다 • 127

02 배경 업로드하기

① [업로드(⬆)]-[업로드(　업로드　)]를 클릭한 다음 [19장＞불러올파일＞1페이지.jpg]-[열기]를 클릭합니다.

② 업로드된 이미지를 클릭하여 삽입한 후 마우스 오른쪽 단추를 눌러 [배경으로 만들기]를 클릭합니다.

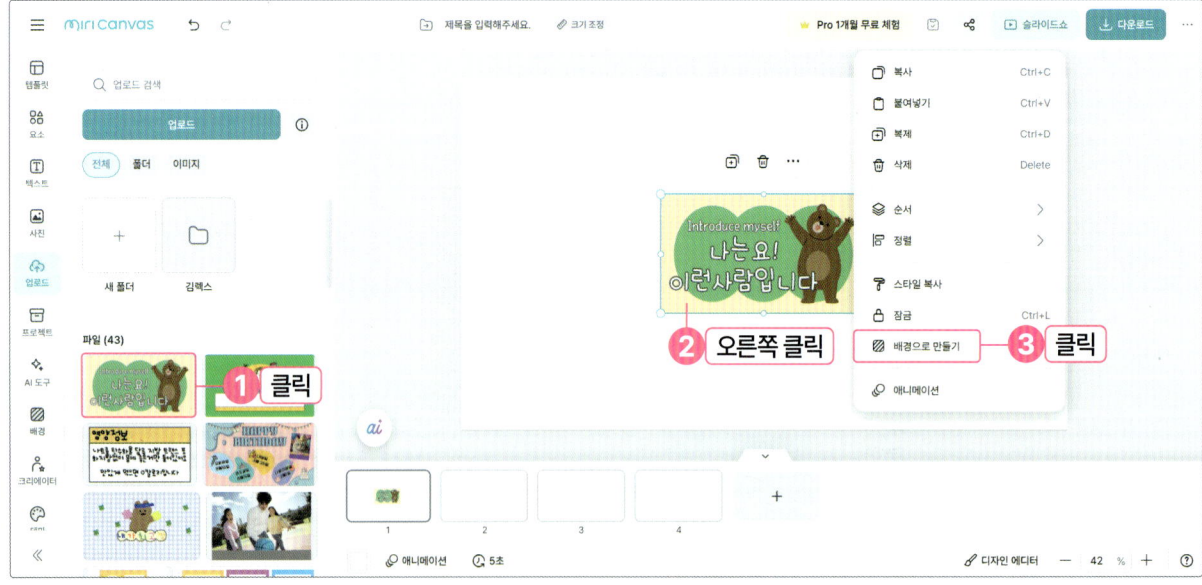

❸ ❶~❷번 방법으로 두 번째 페이지부터 네 번째 페이지에 2페이지.jpg~4페이지.jpg 그림 파일을 삽입하고 [배경으로 만들기]를 클릭하여 배경으로 지정합니다.

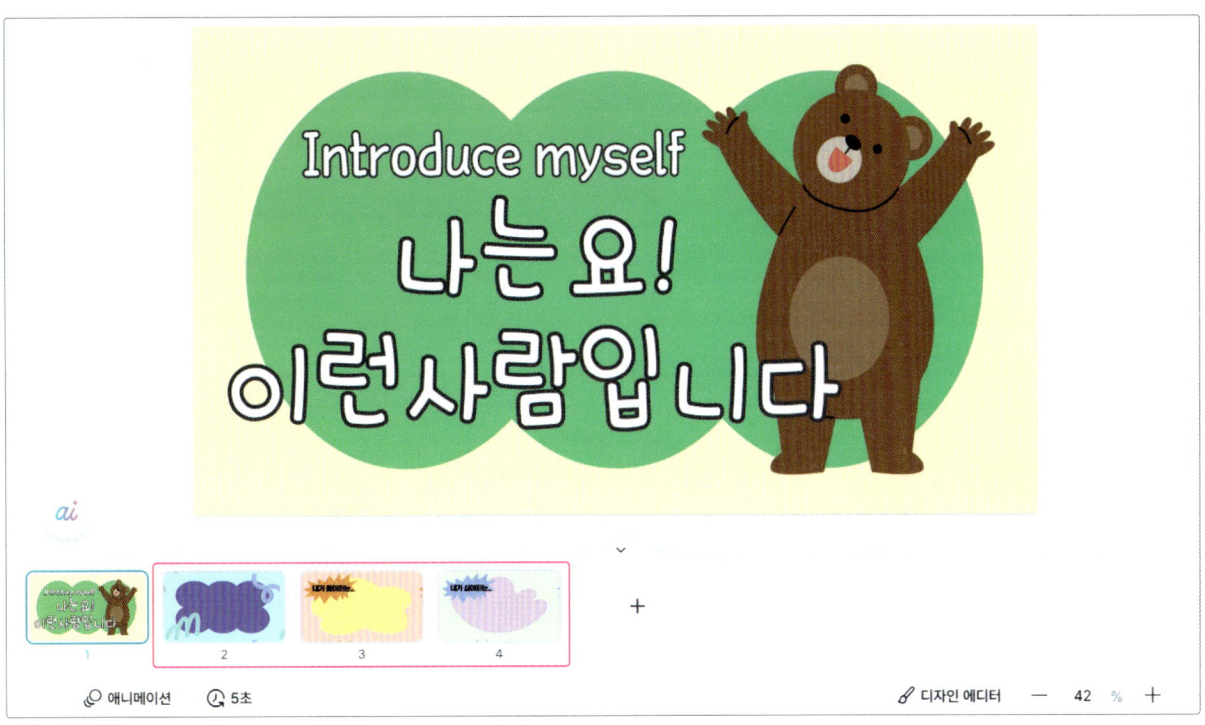

03 요소 및 텍스트 추가하기

❶ 두 번째 페이지를 클릭한 다음 [요소]에서 "여자 어린이"를 입력한 후 Enter 를 눌러 검색하고 원하는 이미지 요소를 클릭하여 추가합니다. 삽입한 그림을 마우스로 드래그하여 이동합니다.

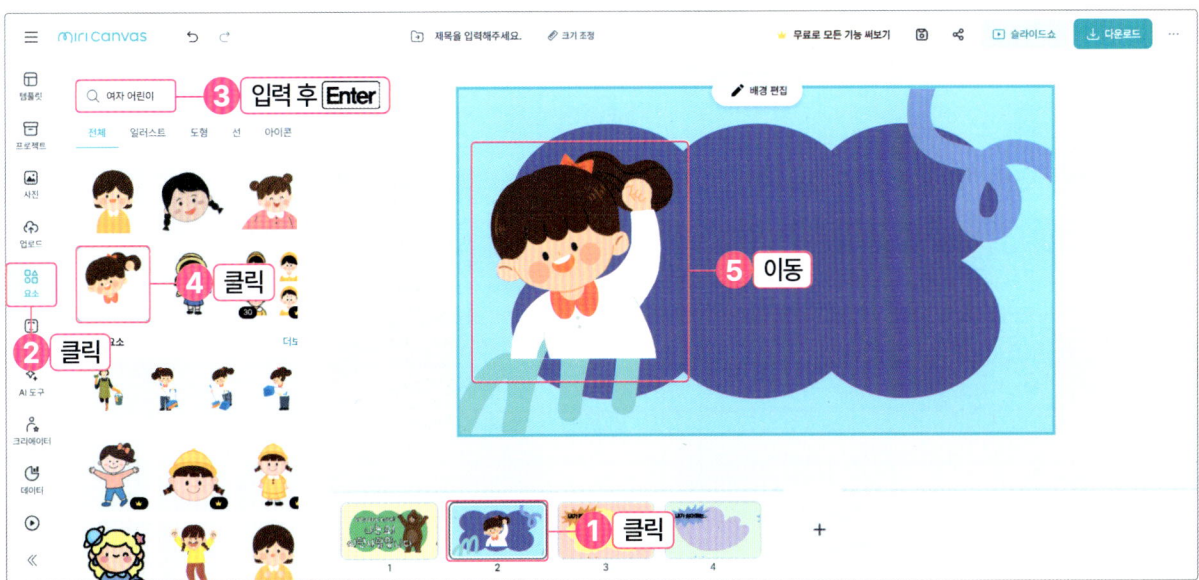

CHAPTER 19 나를 소개합니다 • 129

❷ [텍스트(T)]-[제목 텍스트 추가]를 클릭한 다음 아래 그림과 같이 내용을 입력합니다.

❸ [글꼴(THE코알라miri)] 및 [글자크기(100)], [글자색(흰색)], 글자 정렬(가운데 정렬) 등을 수정한 다음 텍스트 상자를 이동 및 조절점( )을 드래그하여 크기를 변경합니다.

④ 세 번째 페이지를 클릭한 후 [요소(😀)]에서 "강아지"를 입력한 후 Enter 를 눌러 검색하고 원하는 이미지를 클릭하여 추가합니다.
같은 방법으로 아래 그림과 같이 "달리기" 및 "친구" 요소를 추가하고 이동 및 크기를 변경합니다.

⑤ [텍스트(T)]-[부제목 텍스트 추가]를 클릭한 다음 아래 그림과 같이 입력한 후 위치를 이동합니다.

❻ 네 번째 페이지를 클릭한 후 [요소(🔳)]에서 "치과" 단어를 이용하여 원하는 그림 요소를 추가합니다. 같은 방법으로 "곤충" 단어를 이용하여 그림 요소를 추가 후 이동 및 크기를 변경합니다.

❼ [텍스트(🇹)]-[부제목 텍스트 추가]를 클릭한 다음 아래와 그림과 같이 내용을 입력한 후 적절한 위치로 이동합니다.

04 저장하고 다운로드하기

❶ 상단 도구의 [제목을 입력해주세요.]에 "자기소개 PPT_완성"을 입력 후 Enter 를 누릅니다.

❷ [다운로드(⬇ 다운로드)]-[파일형식(JPG(웹용))]-[빠른 다운로드]를 클릭하여 저장합니다.

도전! 혼자서 해결해 보아요

CHAPTER 19

■ 완성된 파일 : 친한친구 소개PPT_완성

◆ 내 친구를 소개 해 보겠습니다!

* 미션 1 : 좌측 상단 [전체메뉴(☰)]를 클릭하여 [새 디자인 만들기]-[프레젠테이션]을 선택합니다.
* 미션 2 : [템플릿]을 클릭하고 '핑크 교육'을 검색한 다음 템플릿을 선택합니다.
* 미션 3 : [텍스트]를 수정하고 요소를 추가하여 친구소개PPT를 완성합니다.

선생님의 검색어 HINT ▷ 핑크 교육, 체리, 강아지, 햄버거, 풍선

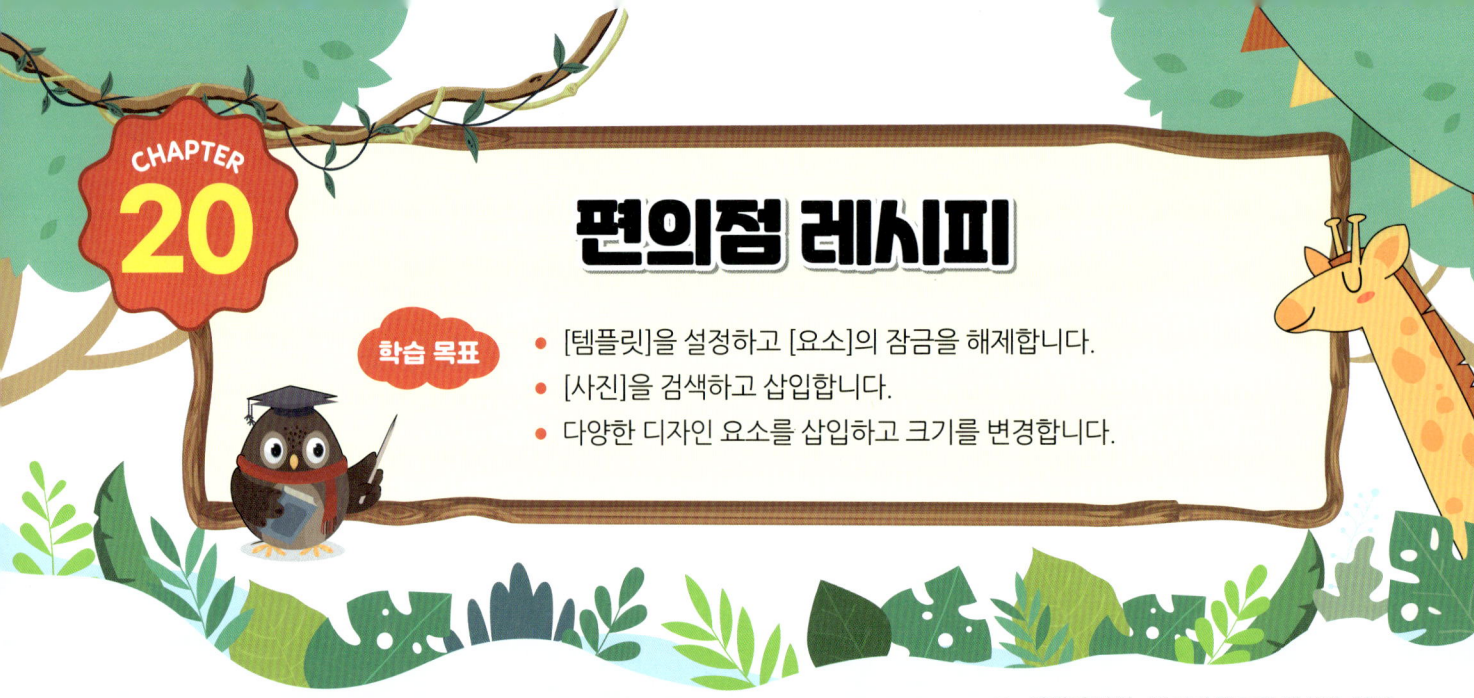

CHAPTER 20 편의점 레시피

학습 목표
- [템플릿]을 설정하고 [요소]의 잠금을 해제합니다.
- [사진]을 검색하고 삽입합니다.
- 다양한 디자인 요소를 삽입하고 크기를 변경합니다.

📁 완성된 파일 : 편의점 꿀조합 레시피_완성

오늘 배울 내용은?

미리캔버스에서 제공하는 배경과 이미지를 이용하여 나만의 편의점 레시피를 만들어봅니다.

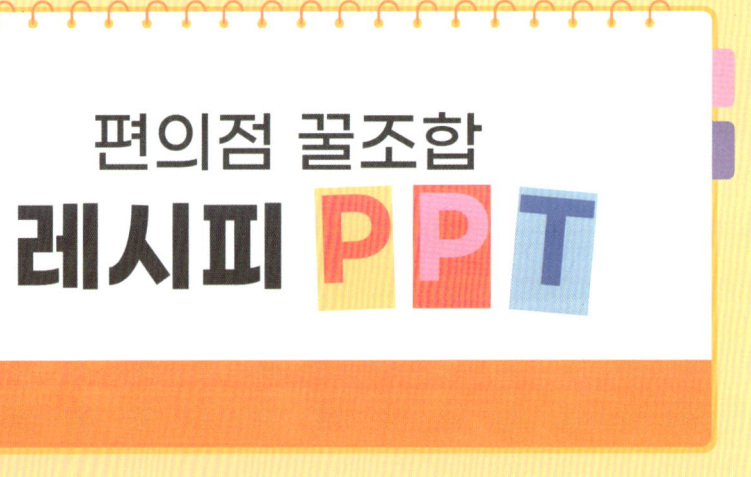

01 새 디자인에 템플릿 적용하기

① 워크스페이스에서 [새 디자인 만들기]를 클릭한 다음 [프레젠테이션]을 클릭합니다.

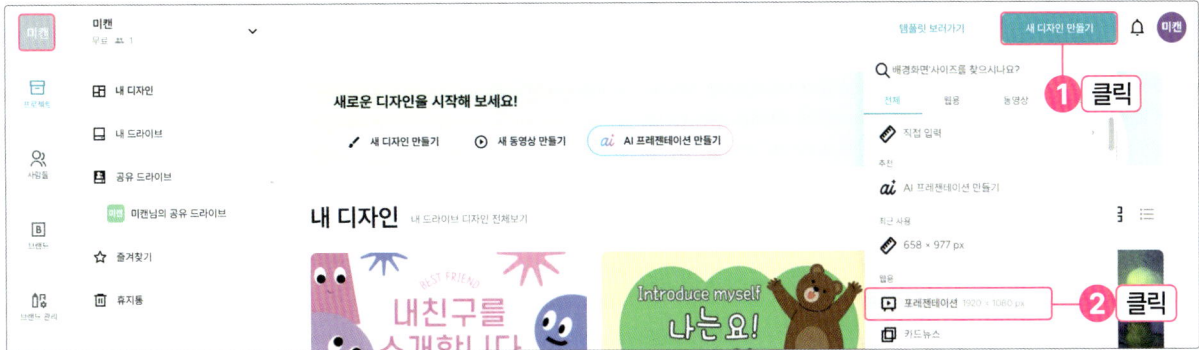

② [템플릿(□)]의 검색창에 "노랑"을 입력한 후 Enter 를 눌러 목록에서 원하는 템플릿을 클릭, 페이지에 적용합니다. 페이지 하단의 [페이지 추가(+)]를 클릭 후 두 번째 페이지에도 같은 템플릿의 원하는 슬라이드를 클릭하여 페이지에 적용합니다.

CHAPTER 20 편의점 레시피 • 135

02 텍스트 수정하기

① 첫 번째 페이지를 클릭한 다음 텍스트 상자를 더블클릭하여 "편의점 꿀조합" 및 "레시피"로 각각 수정한 후 위치를 이동합니다. 아래 텍스트 상자는 선택 후 [삭제하기(🗑)]를 클릭합니다.

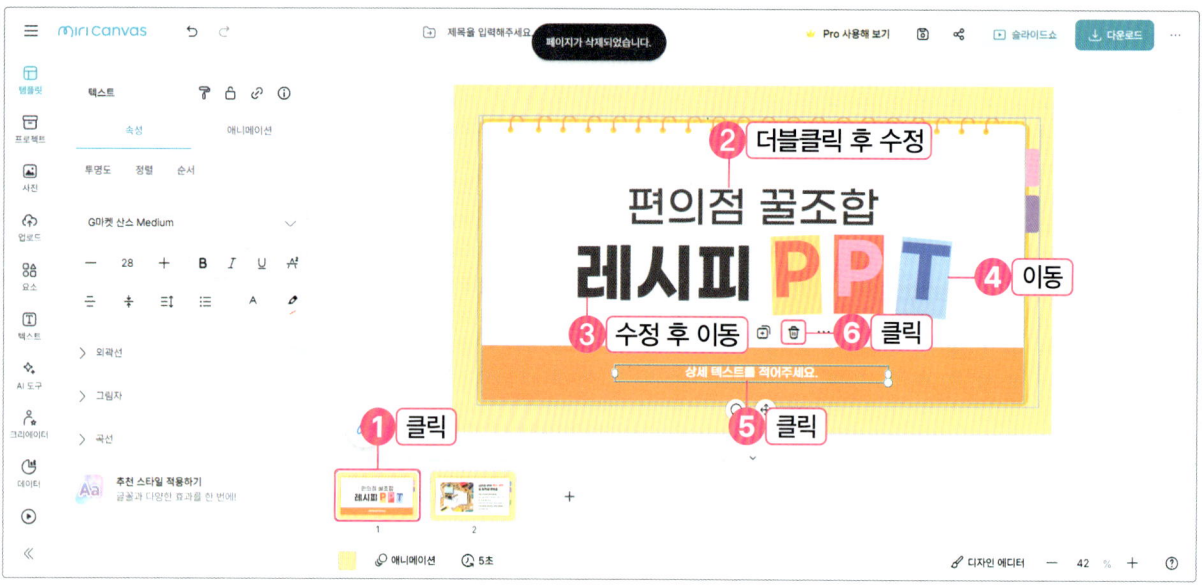

② 두 번째 페이지를 클릭한 다음 텍스트 상자를 각각 더블클릭한 후 아래 그림과 같이 내용을 수정합니다.

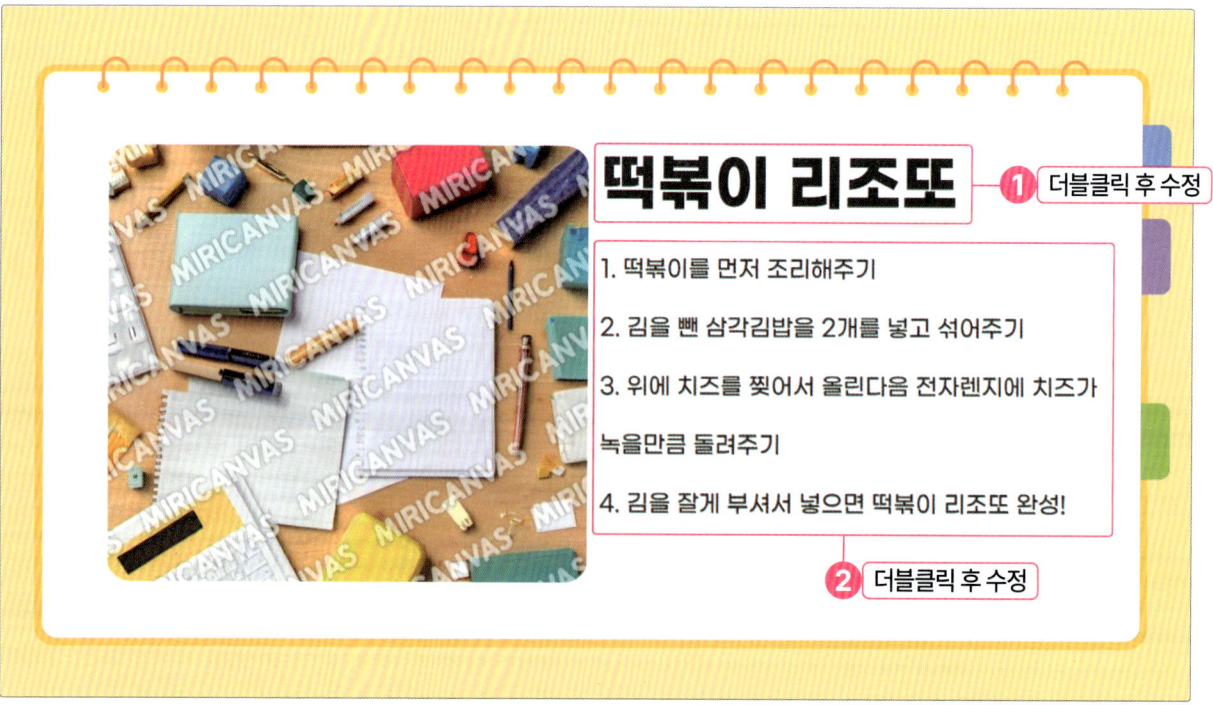

03 요소 수정하기

❶ 아래쪽 밑줄 그룹을 선택 후 [잠금 해제(🔓)]를 클릭한 다음 [삭제하기(🗑)]를 클릭합니다.

 텍스트 상자와 서로 겹쳐 밑줄 선택이 어려울 경우 텍스트 상자를 옆으로 이동 후 선택하세요.

❷ 왼쪽 그림을 선택한 후 [삭제하기(🗑)]를 클릭하여 그림을 삭제하고 제목 텍스트의 [글자크기(70)] 및 내용 텍스트의 [글자크기(27)]를 수정한 다음 이동 및 크기를 변경하여 아래 그림과 같이 배치합니다.

❸ [사진(🖼)]에서 "떡볶이리조또"를 입력한 후 Enter 를 눌러 검색하고 추가할 그림 요소를 클릭한 다음 그림 안으로 드래그합니다.

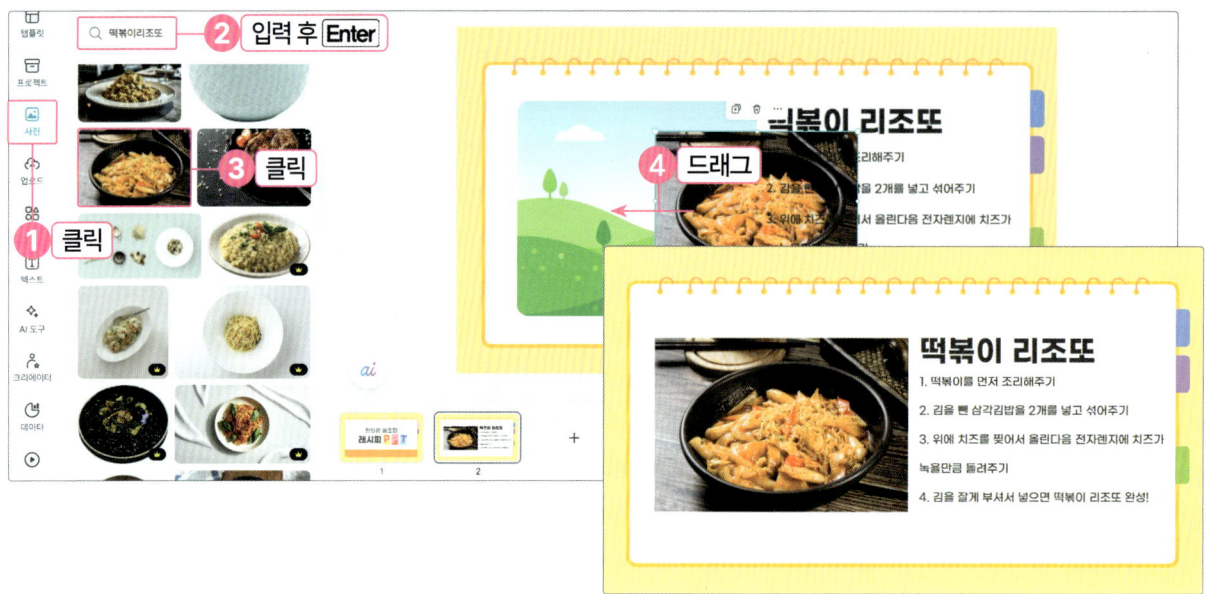

❹ [요소(🔳)]에서 "삼각김밥", "편의점" 등을 입력한 후 Enter 를 눌러 검색하고 요소를 추가하여 아래 그림과 같이 페이지에 배치합니다.

04 저장하고 다운로드하기

❶ 상단 도구의 [제목을 입력해주세요.]에 "편의점 꿀조합 레시피_완성"을 입력 후 Enter 를 누릅니다.

❷ [다운로드(⬇ 다운로드)]-[파일형식(JPG(웹용))]-[빠른 다운로드]를 클릭하여 저장합니다.

도전! 혼자서 해결해 보아요

📁 **완성된 파일 :** 라면 조합 레시피_완성

🛡 **어떤 라면들끼리 조합이 맞을까?**

❖ **미션 1 :** 좌측 상단 [전체메뉴(≡)]를 클릭하여 [새 디자인 만들기]-[새 디자인 만들기]-[프레젠테이션]을 선택합니다.

❖ **미션 2 :** [템플릿]을 클릭하고 "라면"을 검색하여 원하는 배경을 선택합니다.

❖ **미션 3 :** [텍스트]를 수정하고 원하는 [요소]를 추가하여 빈 공간을 꾸밉니다.

선생님의 검색어 HINT ▶ 라면, 반짝 • **글꼴:** 마포당인리발전소

CHAPTER 20 편의점 레시피 • **139**

CHAPTER 21
과자 포장 디자인하기

학습 목표
- [도형]을 삽입하고 그라데이션으로 색상을 설정합니다.
- 도형을 복제하고 이미지를 업로드합니다.
- [텍스트]를 삽입하고 그라데이션으로 색상을 설정합니다.

📁 완성된 파일 : 과자 포장 디자인_완성

오늘 배울 내용은?

미리캔버스에서 제공하는 배경과 이미지를 이용하여 나만의 과자 포장 디자인을 해봅니다.

01 새 디자인에 배경을 설정하기

① 워크스페이스에서 [새 디자인 만들기]를 클릭한 다음 [프레젠테이션]을 클릭합니다.

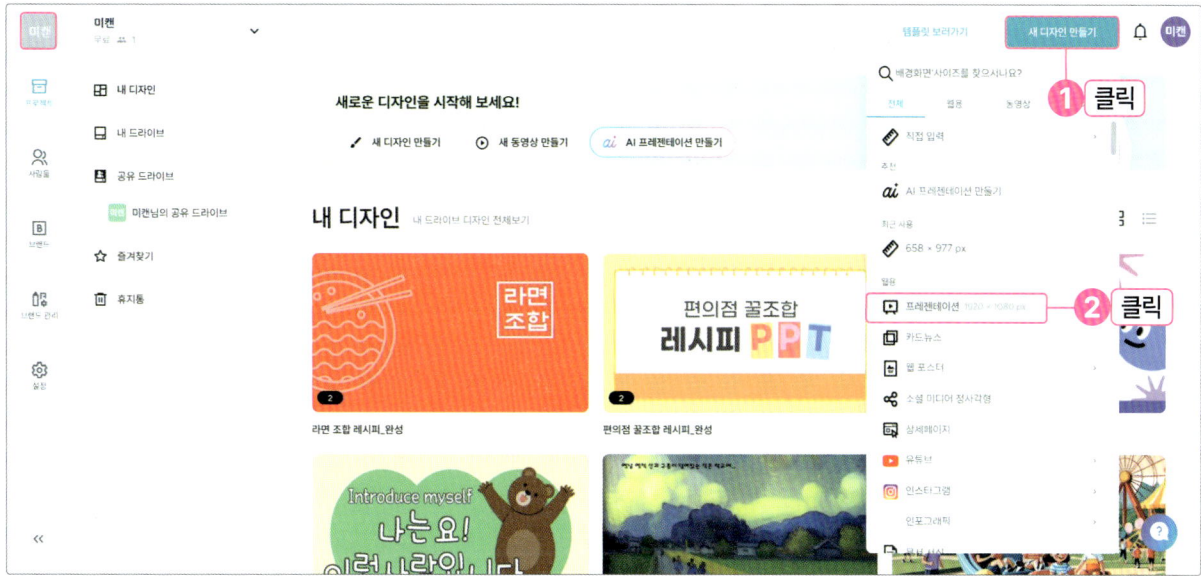

02 요소 추가하기

① [요소(🎛)]-[도형]-[기본도형(■사각형)]을 클릭한 다음 이동 및 조절점(◯)을 드래그하여 크기를 변경합니다.

CHAPTER 21 과자 포장 디자인하기 • 141

❷ 사각형 도형을 선택한 후 [색상(■)]-[그라데이션]을 클릭한 다음 원하는 그라데이션 색(■)을 선택합니다.

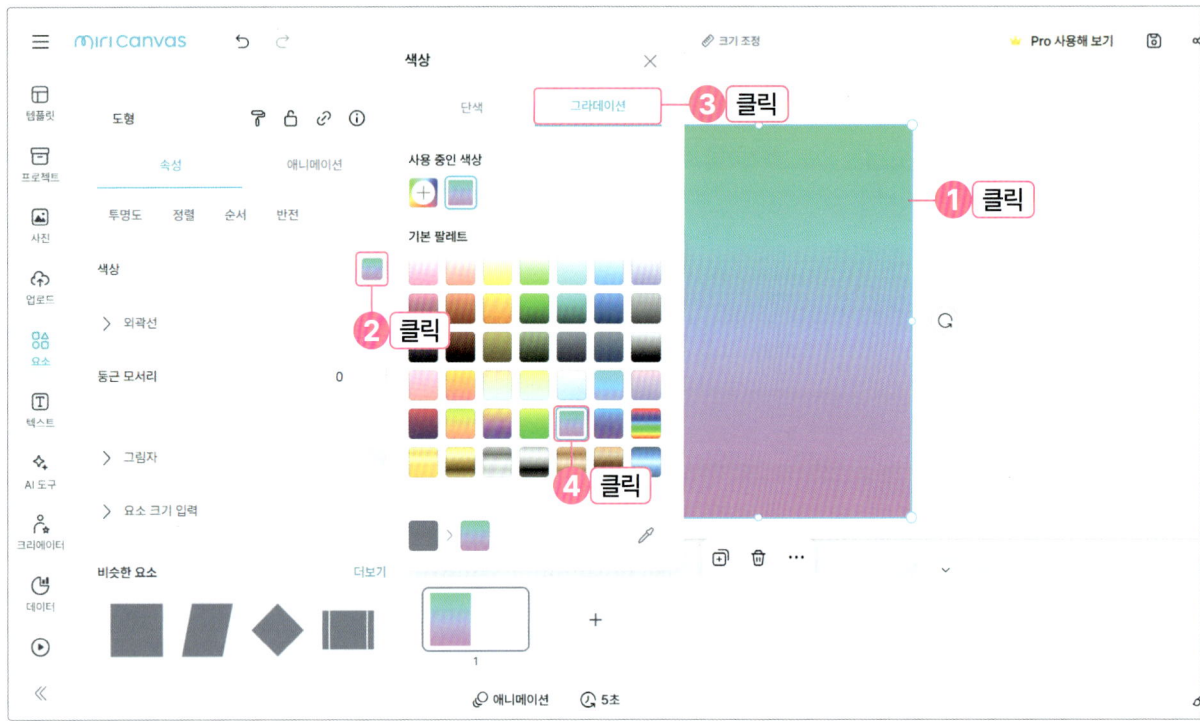

❸ [요소(🔳)]-[전체]로 변경한 다음 검색창에 "문어"를 검색하여 원하는 그림 요소를 삽입한 후 그림과 같이 이동 및 크기를 변경합니다.

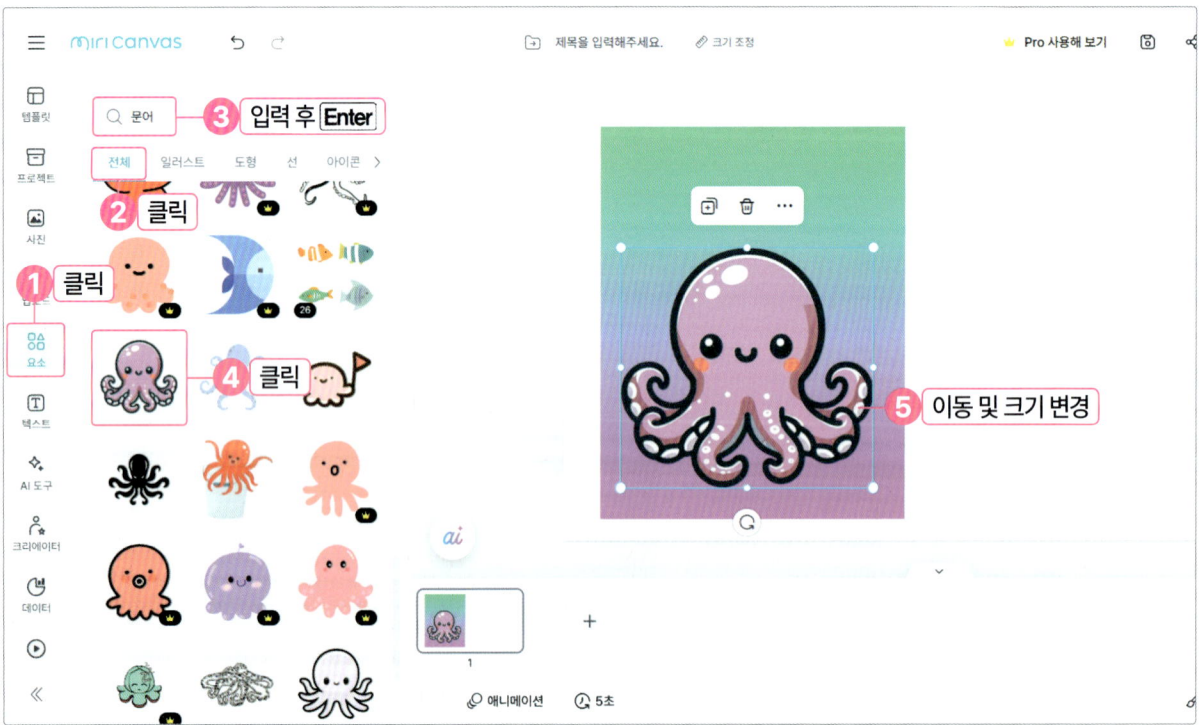

03 텍스트 추가하기

❶ [텍스트(T)]-[제목 텍스트 추가]를 클릭한 다음 "문어바사삭"을 입력합니다.

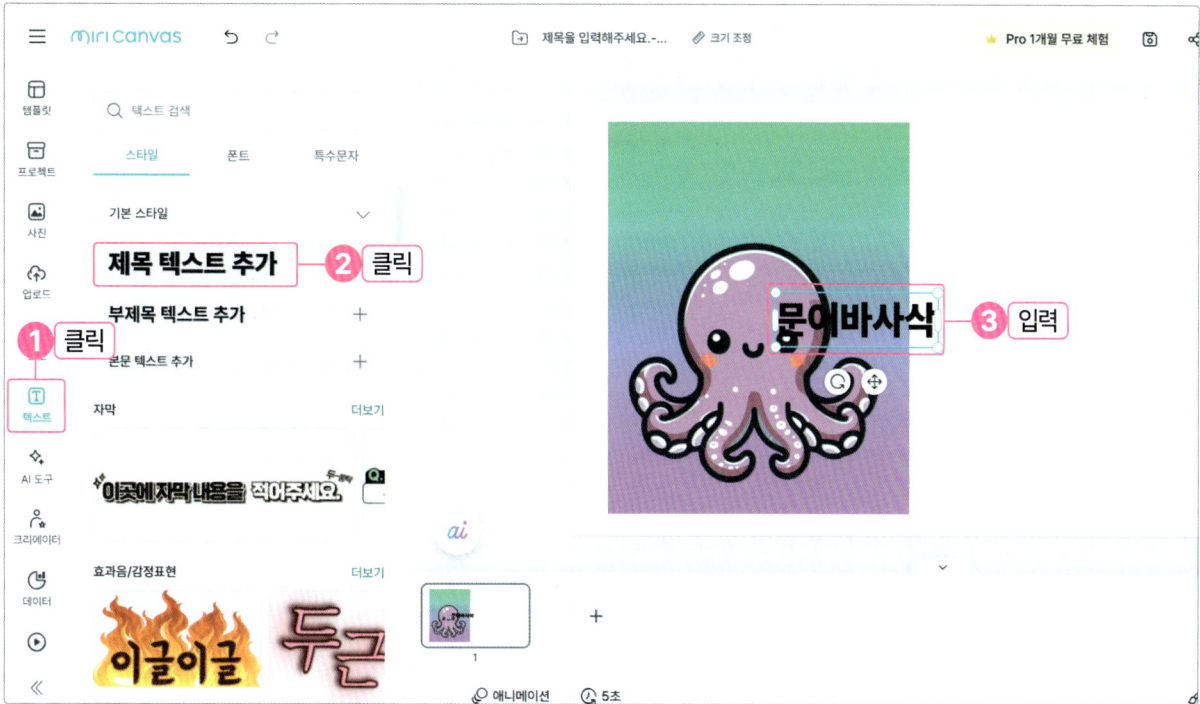

❷ [글꼴(학교안심 뜀틀 R)] 및 [글자크기(100)], [글자색(A)]-[그라데이션(■)]으로 변경한 다음 텍스트 상자를 이동 및 조절점(▯)을 드래그하여 크기를 변경합니다.

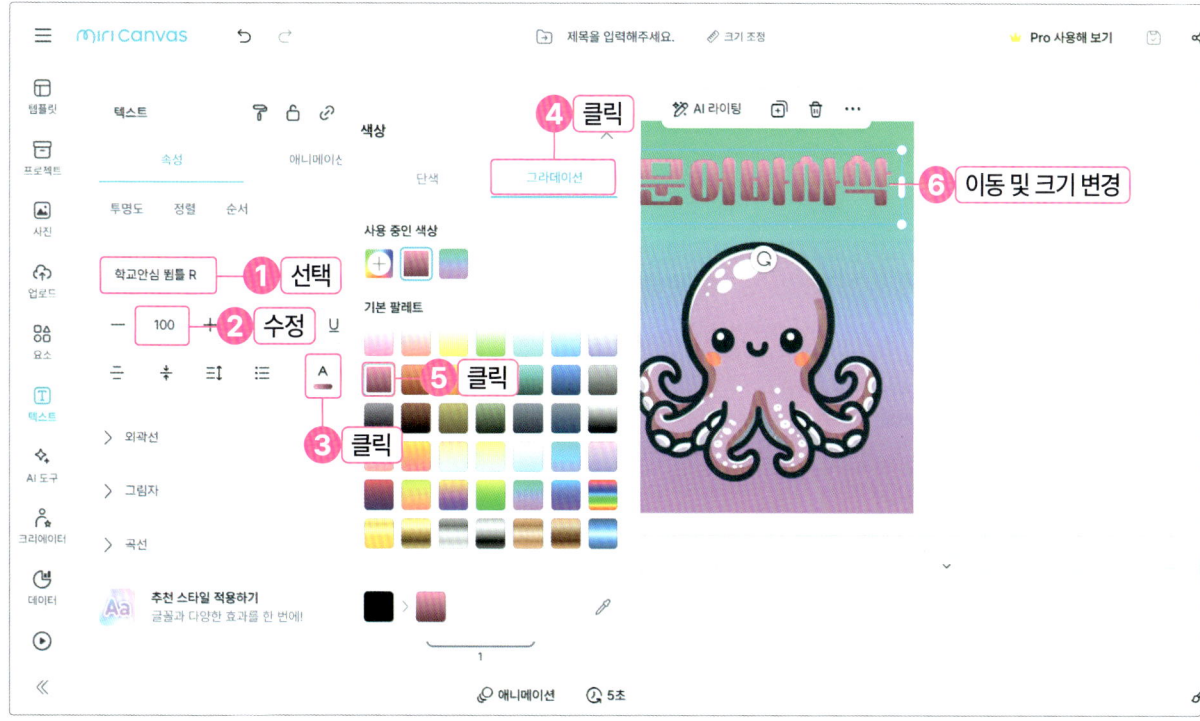

③ 텍스트(T)]-[부제목 텍스트 추가]를 클릭한 다음 "달콤", "바삭"을 각각 입력하고 [글꼴(학교안심 우산 R)]을 지정한 후 원하는 위치로 이동합니다.

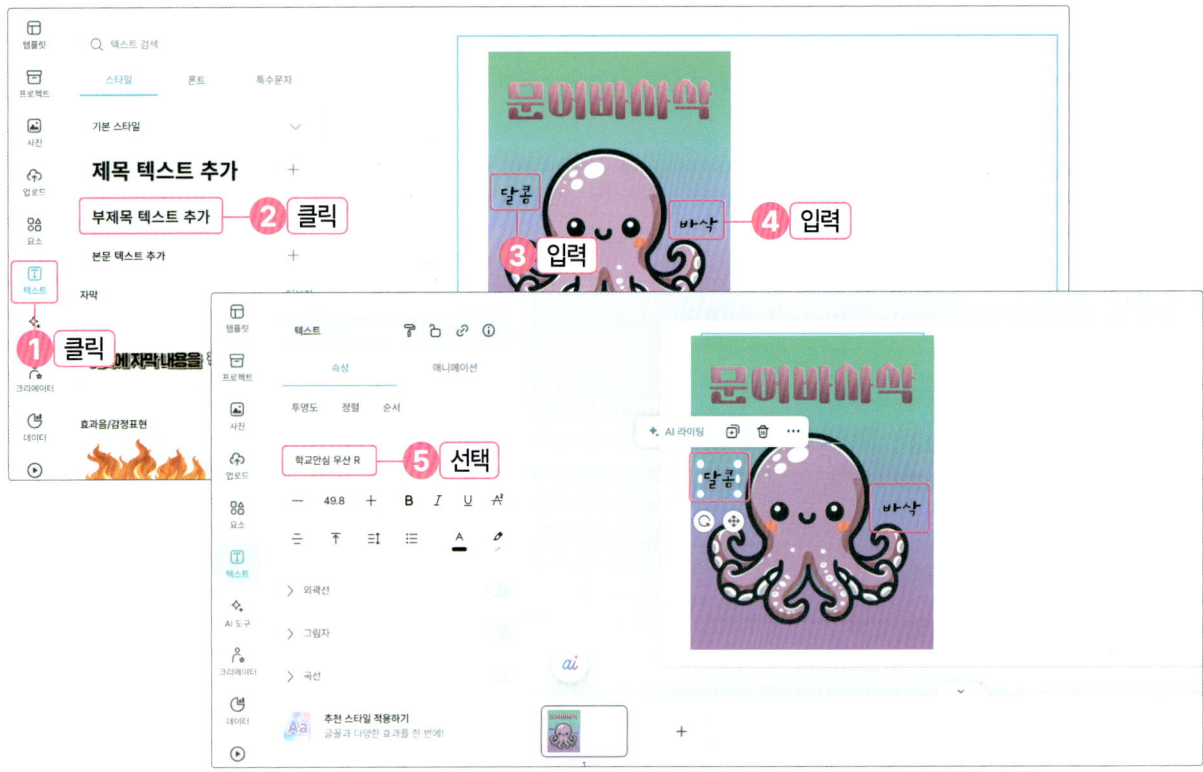

04 포장 뒷면 꾸미기

① 사각형 도형 위에서 마우스 오른쪽 단추를 눌러 [복제]를 클릭한 다음 원하는 위치로 이동합니다.

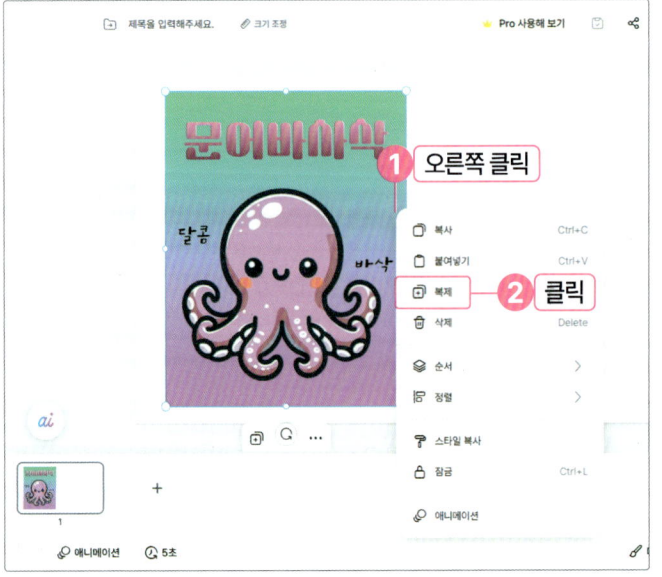
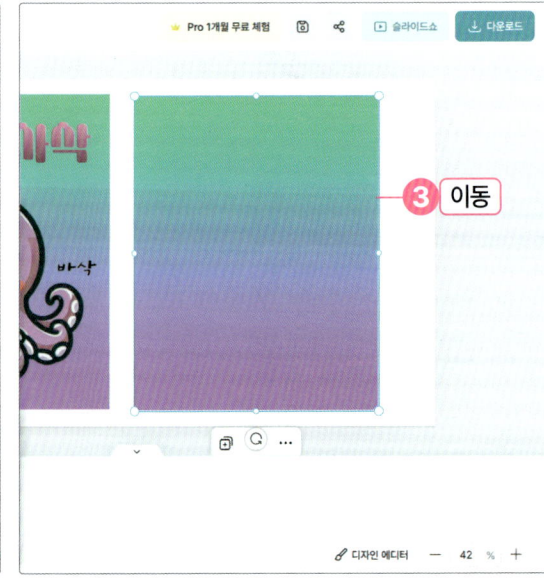

❷ [업로드(⤴)]-[업로드(업로드)]를 클릭한 다음 [21장〉불러올파일〉영양정보.png]-[열기]를 클릭합니다.

❸ 업로드된 이미지를 클릭하여 삽입한 다음 복제한 사각형 도형 안에 위치하도록 이동합니다.

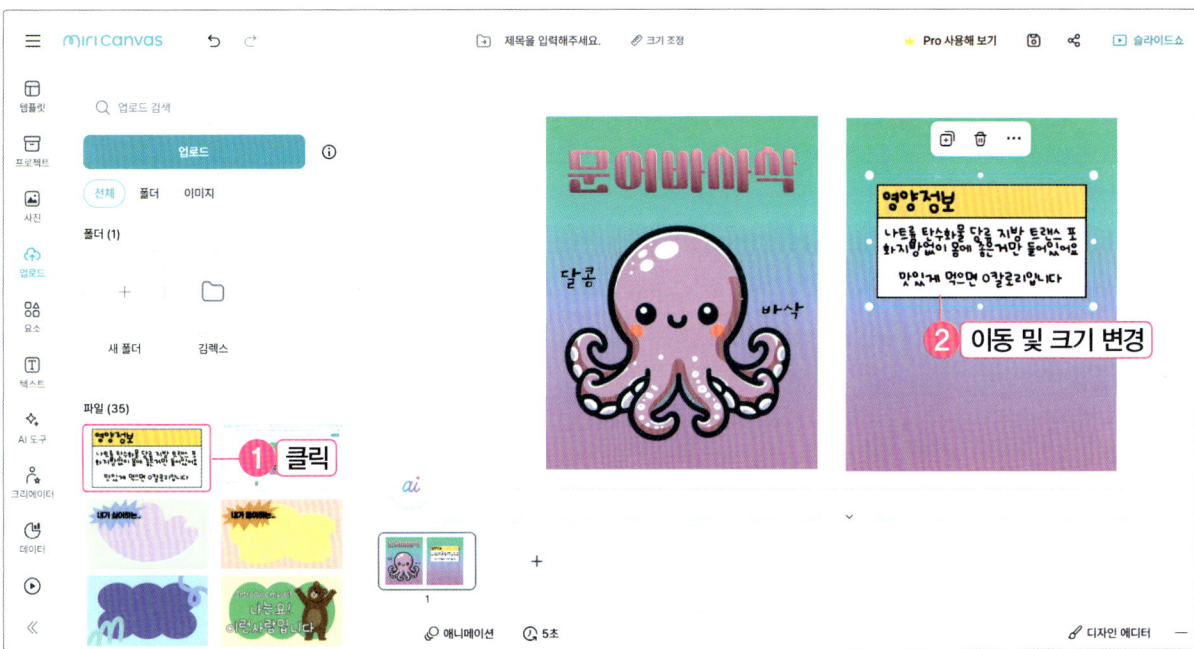

❹ [요소(⬚)]에서 "바코드", "문어", "라인" 등을 입력하여 해당 요소를 추가한 다음 이동 및 크기를 변경하여 페이지의 원하는 위치에 배치합니다.

05 저장하고 다운로드하기

❶ 상단 도구의 [제목을 입력해주세요.]에 "과자 포장 디자인_완성"을 입력 후 Enter 를 누릅니다.

❷ [다운로드(⬇ 다운로드)]-[파일형식(JPG(웹용))]-[빠른 다운로드]를 클릭하여 저장합니다.

도전! 혼자서 해결해 보아요

📁 **완성된 파일** : 캔디 포장 디자인_완성

캔디도 내가 디자인 해볼까?

❖ **미션 1** : 좌측 상단 [전체메뉴(☰)]를 클릭하여 [새 디자인 만들기]-[카드뉴스]를 선택합니다.

❖ **미션 2** : [요소]-[도형]에서 사각형을 삽입합니다.

❖ **미션 3** : [요소]-[전체] 메뉴에서 "레몬" 등을 입력한 다음 검색해서 삽입합니다.

❖ **미션 4** : [텍스트]를 삽입하고 외곽선을 설정합니다.

선생님의 검색어 HINT ▷ 레몬, 와우, 반짝, 별똥별 •**사용 글꼴**: 맹_깨구락지

CHAPTER 22
사계절의 꽃 알아보기

학습 목표
- [템플릿]을 적용하고 수정합니다.
- [텍스트]를 입력하고 [애니메이션]을 적용합니다.
- [요소]를 추가하고 [애니메이션]을 적용합니다.

📁 **완성된 파일** : 사계절 꽃_완성

오늘 배울 내용은?

미리캔버스에서 제공하는 배경과 이미지를 이용하여 사계절 꽃 프레젠테이션을 만들어봅니다.

01 새 디자인에 템플릿 적용하기

① 워크스페이스에서 [새 디자인 만들기]를 클릭한 다음 [프레젠테이션]을 클릭합니다.

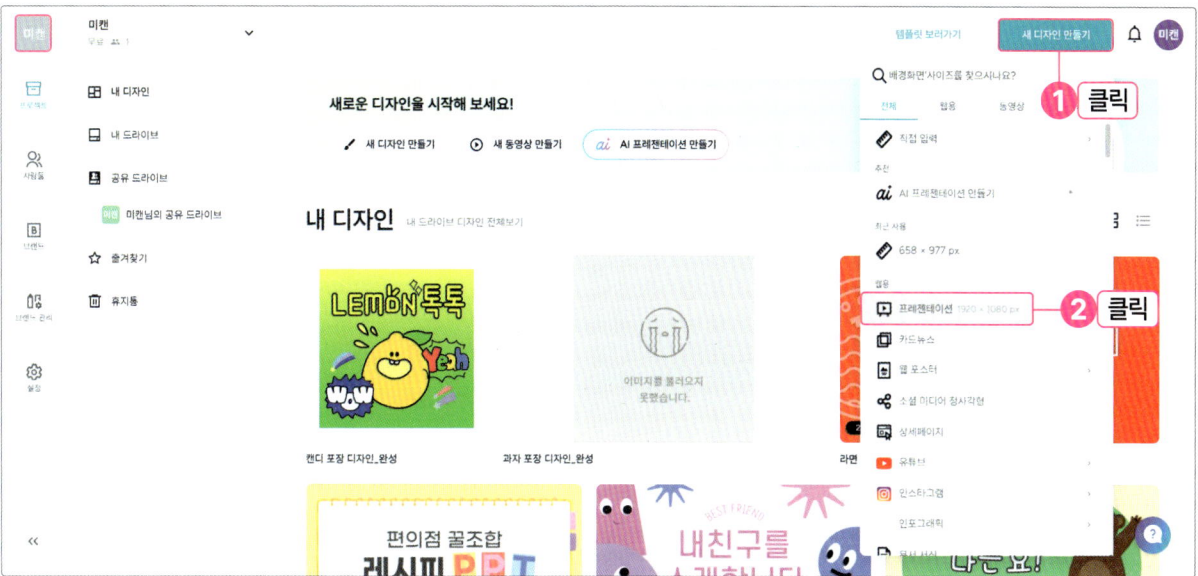

② 페이지 하단의 [페이지 추가(+)]를 클릭한 다음 첫 번째 페이지를 클릭합니다.

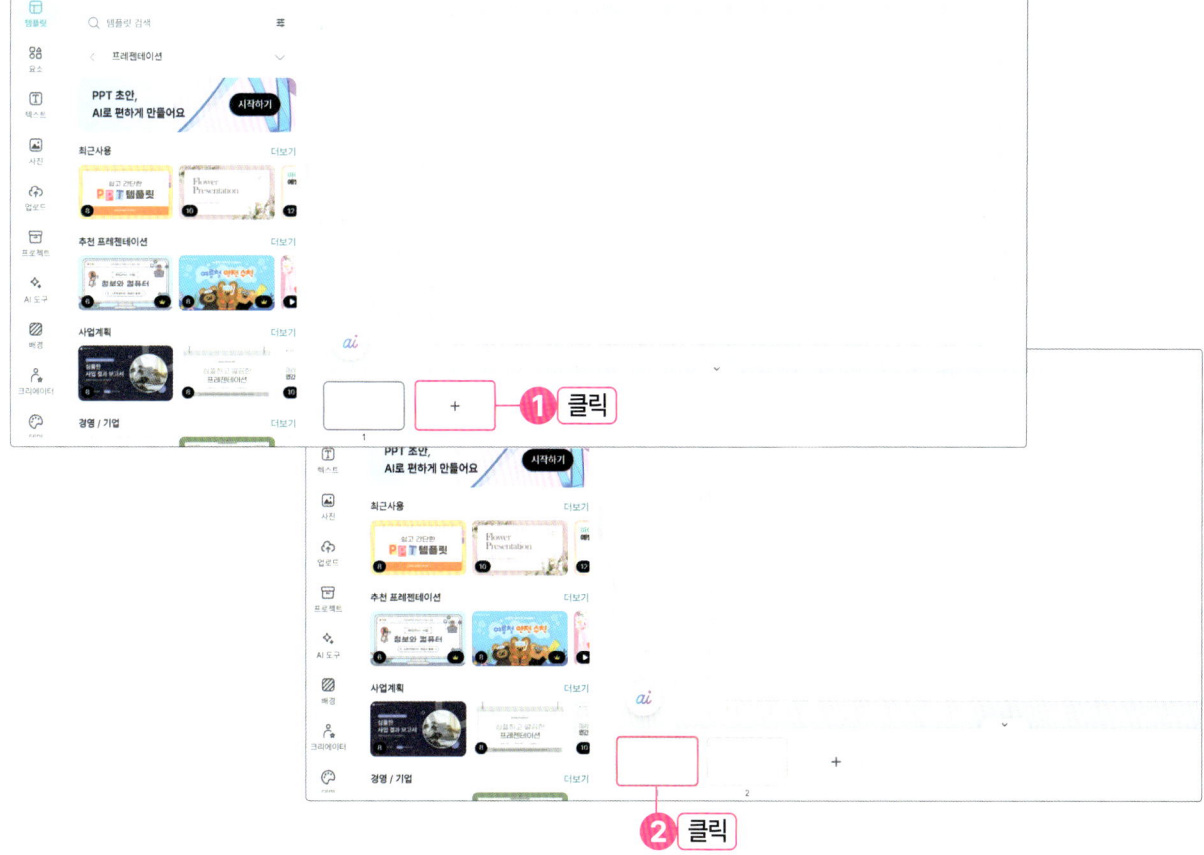

CHAPTER 22 사계절의 꽃 알아보기 • 149

❸ [템플릿(□)] 검색창에 "꽃 프레젠테이션"을 입력한 후 Enter를 눌러 검색하고 아래의 템플릿을 각각 적용합니다.

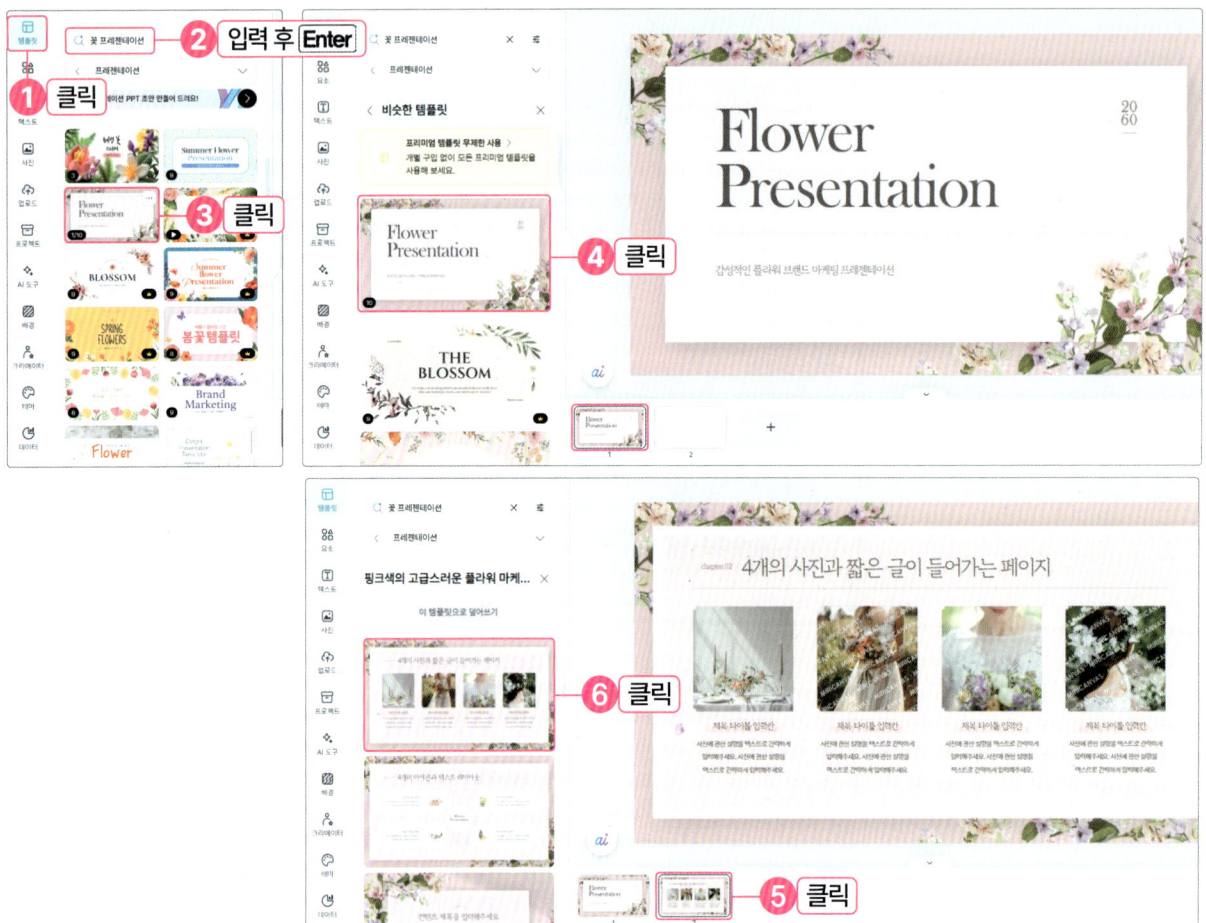

02 텍스트 수정하기

❶ 첫 번째 페이지를 클릭한 다음 텍스트 상자를 더블클릭 후 내용 수정으로 "사계절 꽃", "2학년 1반 김미캔"으로 수정하고 우측 상단의 텍스트 상자는 선택 후 [삭제하기(🗑)]를 클릭하여 삭제합니다.

❷ 모든 텍스트 상자의 글꼴 서식을 '고운 바탕'으로 수정한 후 '2학년 1반 김미캔'의 [글자크기(50)]를 수정합니다.

❸ 두 번째 페이지를 클릭한 다음 아래 그림과 같이 텍스트 내용을 더블클릭 후 내용을 수정하고 제목 및 꽃이름 텍스트의 [글자크기(50)]와 꽃말 텍스트상자의 [글자크기(30)]를 다르게 수정합니다.

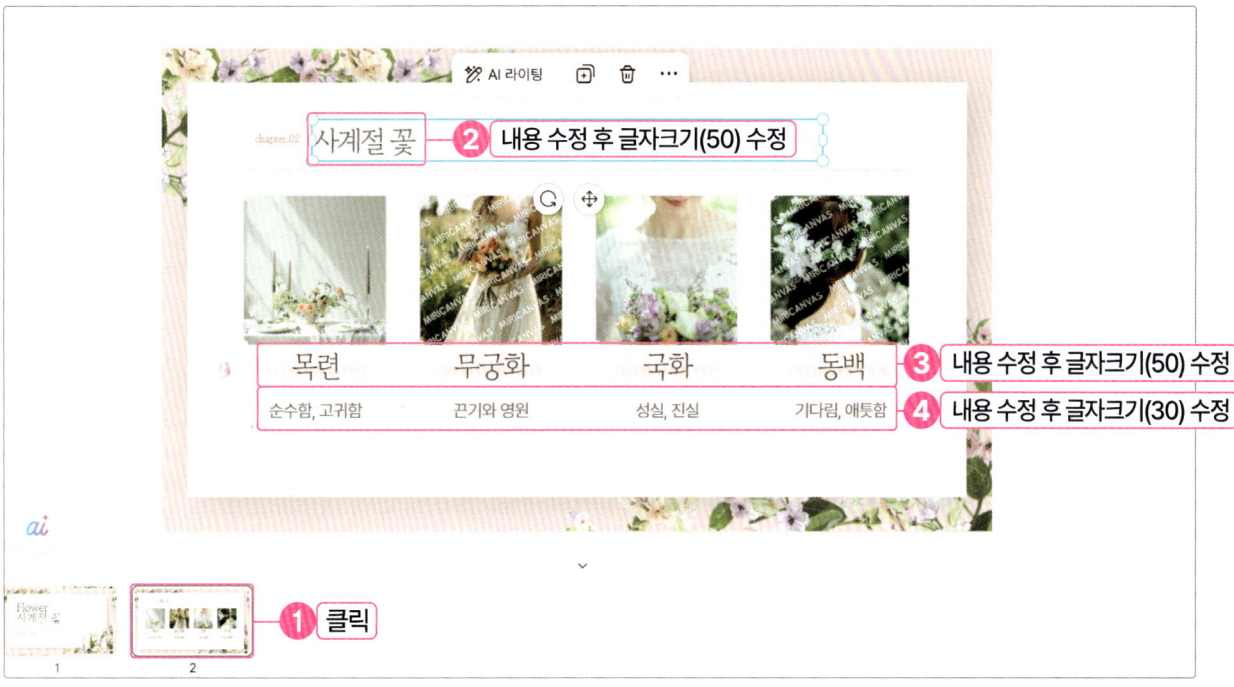

03 요소 추가하기

① 페이지 안에 표시된 4개의 사진이 포함되도록 드래그하여 선택한 후 [삭제하기(🗑)]를 클릭합니다.

② [요소(🔲)]의 검색창에 "목련", "무궁화", "국화", "동백"을 각각 검색하여 삽입한 후 아래 그림과 같이 이동 및 크기를 변경합니다.

04 애니메이션 적용하기

① 첫 번째 페이지를 클릭한 다음 '사계절 꽃' 텍스트 상자를 클릭 후 [애니메이션]-[기본]-[팝]을 클릭하여 애니메이션을 적용합니다.

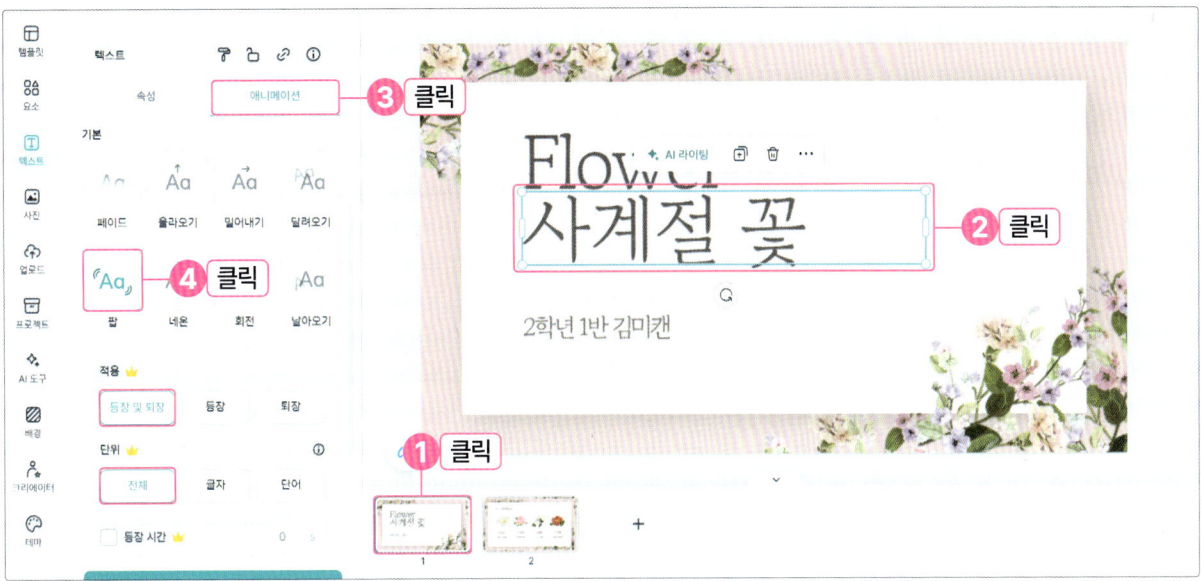

② 두 번째 페이지를 클릭한 다음 '목련', '무궁화', '국화', '동백' 요소를 Shift를 누른 상태로 각각 클릭한 후 [애니메이션]-[기본]-[밀어내기]를 클릭하여 애니메이션을 적용합니다.

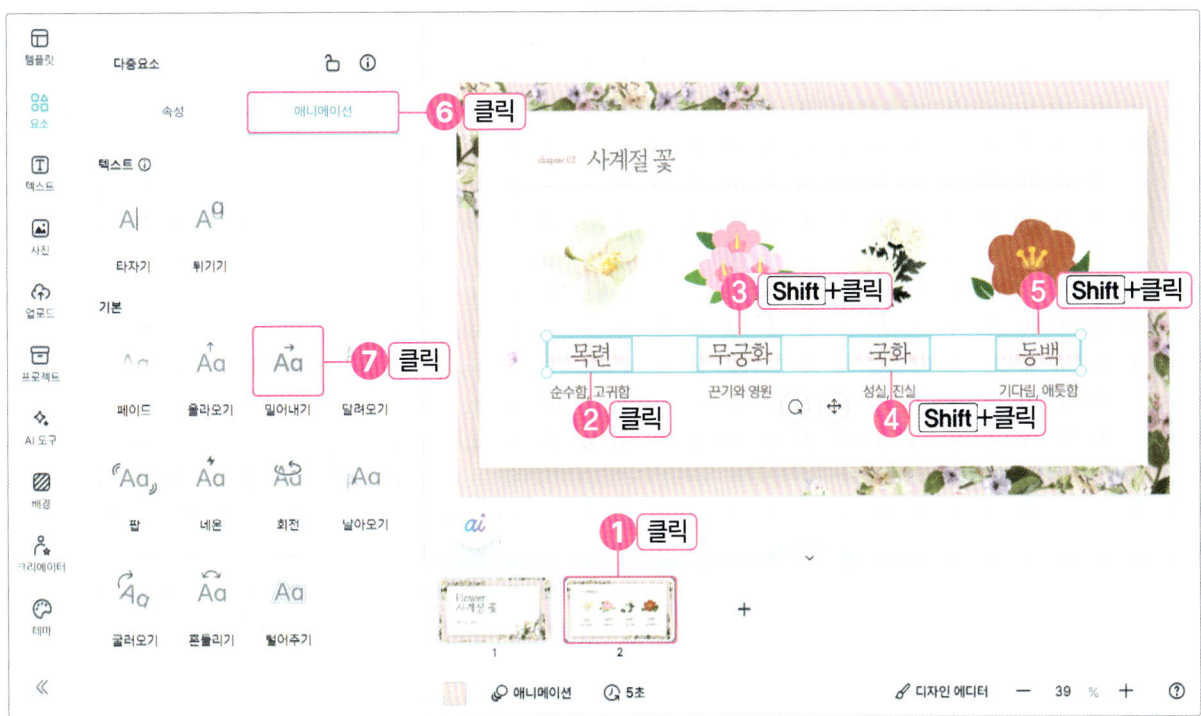

CHAPTER 22 사계절의 꽃 알아보기 • 153

❸ 슬라이드 쇼의 실행을 위해 첫 번째 페이지를 클릭 후 [더보기(…)]-[슬라이드쇼 보기]를 클릭합니다.

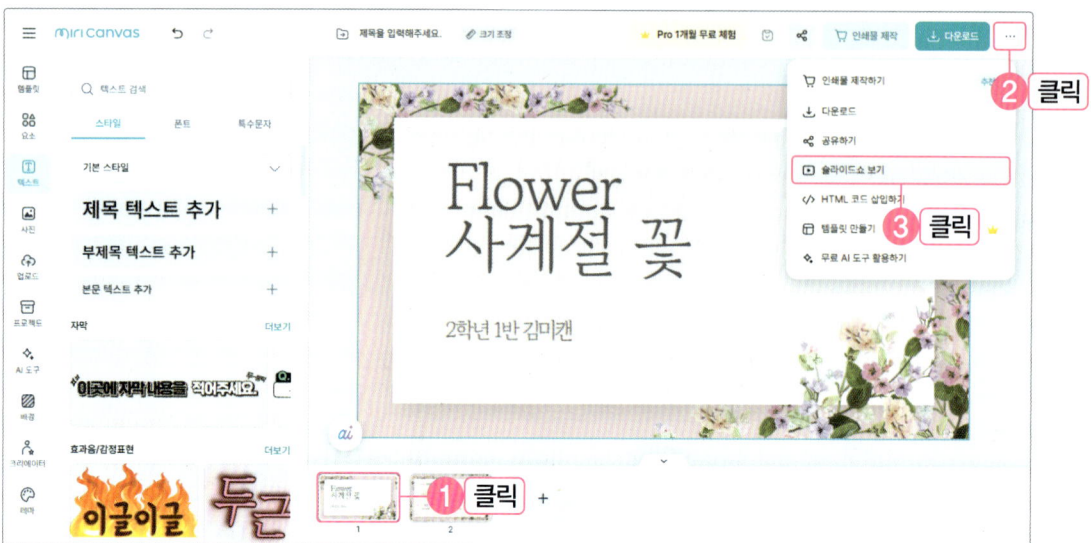

 환경에 따라 도구 상단의 [슬라이드쇼] 버튼으로 표시되기도 하며, 클릭하여 실행할 수 있습니다. 화면 종료는 키보드의 Esc 를 누릅니다.

05 저장하고 다운로드하기

❶ 상단 도구의 [제목을 입력해주세요.]에 "사계절 꽃_완성"을 입력 후 Enter 를 누릅니다.

❷ [다운로드(다운로드)]-[파일형식(PPTX)]-[다운로드]를 클릭하여 저장합니다.

 무료 버전의 경우 PPTX 형식의 저장은 하루 3회 무료로 제공됩니다.

도전! 혼자서 해결해 보아요

CHAPTER 22

📁 완성된 파일 : 사계절 과일_완성

🛡 사계절의 제철 과일은 무엇이 있을까?

❖ **미션 1 :** 좌측 상단 [전체메뉴(≡)]를 클릭하여 [새 디자인 만들기]-[프레젠테이션]을 선택합니다.

❖ **미션 2 :** [템플릿]을 클릭하고 '과일'을 검색하여 원하는 템플릿을 선택합니다.

❖ **미션 3 :** [텍스트]를 변경하고 '요소'를 추가합니다.

❖ **미션 4 :** [애니메이션]을 추가하여 완성합니다.

선생님의 검색어 HINT ▷ 농장, 과일(투명도50으로 변경), 파인애플, 딸기

CHAPTER 23

건강하게 치아지키기

학습 목표
- [템플릿]을 적용하고 수정합니다.
- [텍스트] 및 [요소]에 [애니메이션]을 적용합니다.
- [요소]의 잠금을 해제합니다.

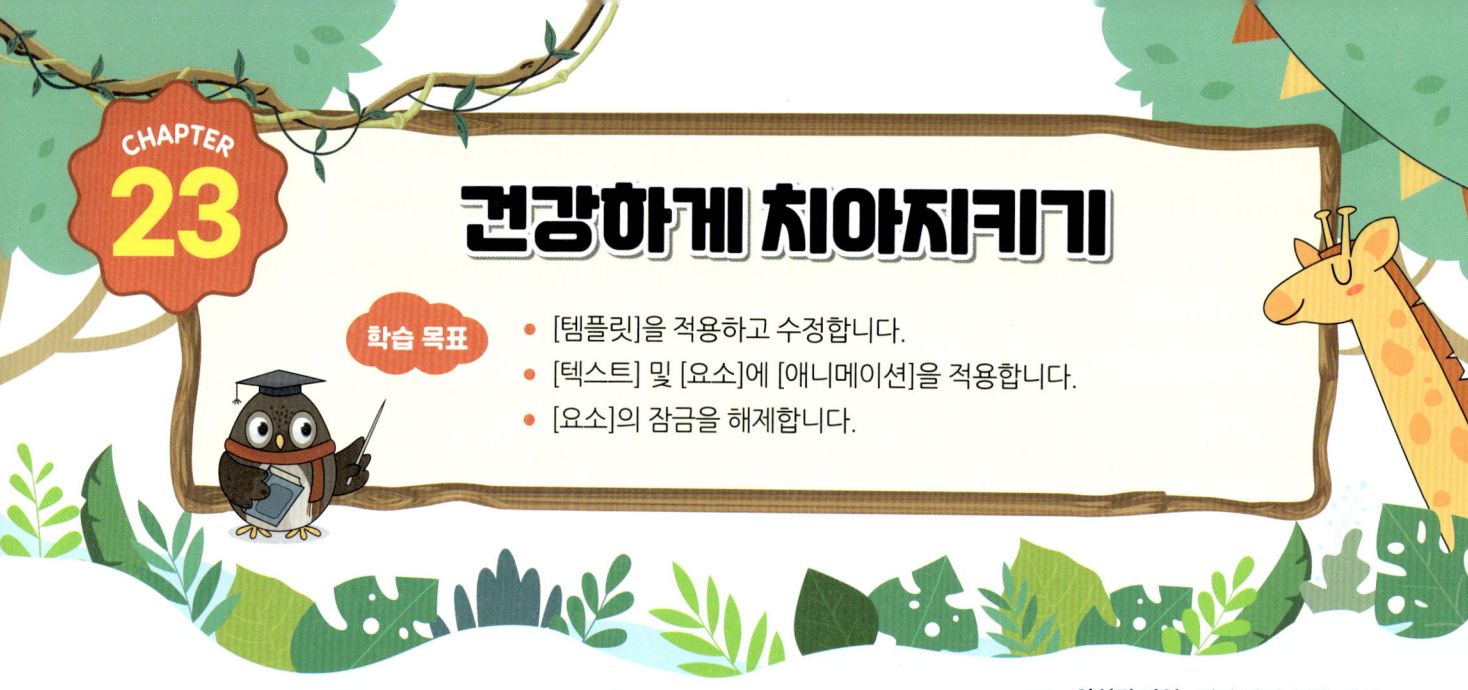

📁 **완성된 파일** : 치아 관리 수칙_완성

오늘 배울 내용은?

미리캔버스에서 제공하는 배경과 이미지를 이용하여
건강하게 치아지키기 프레젠테이션을 만들어봅니다.

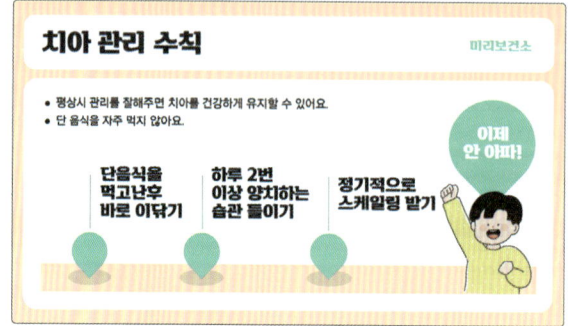

01 새 디자인에 템플릿 적용하기

① 워크스페이스에서 [새 디자인 만들기]를 클릭한 다음 [프레젠테이션]을 클릭합니다.

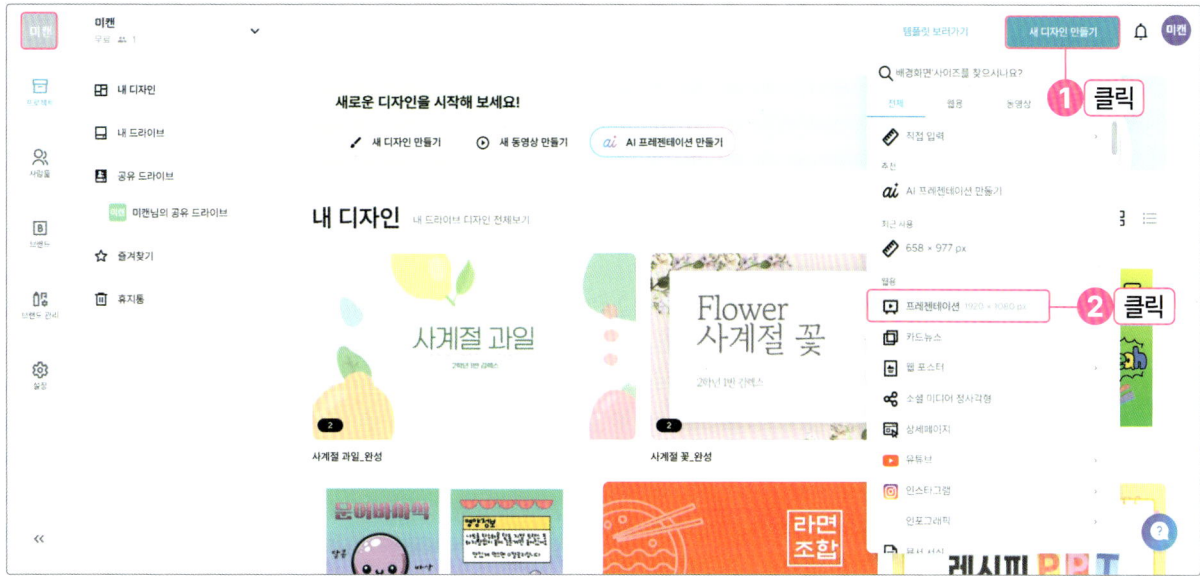

② 페이지 하단의 [페이지 추가(+)]를 클릭한 다음 첫 번째 페이지를 클릭합니다.

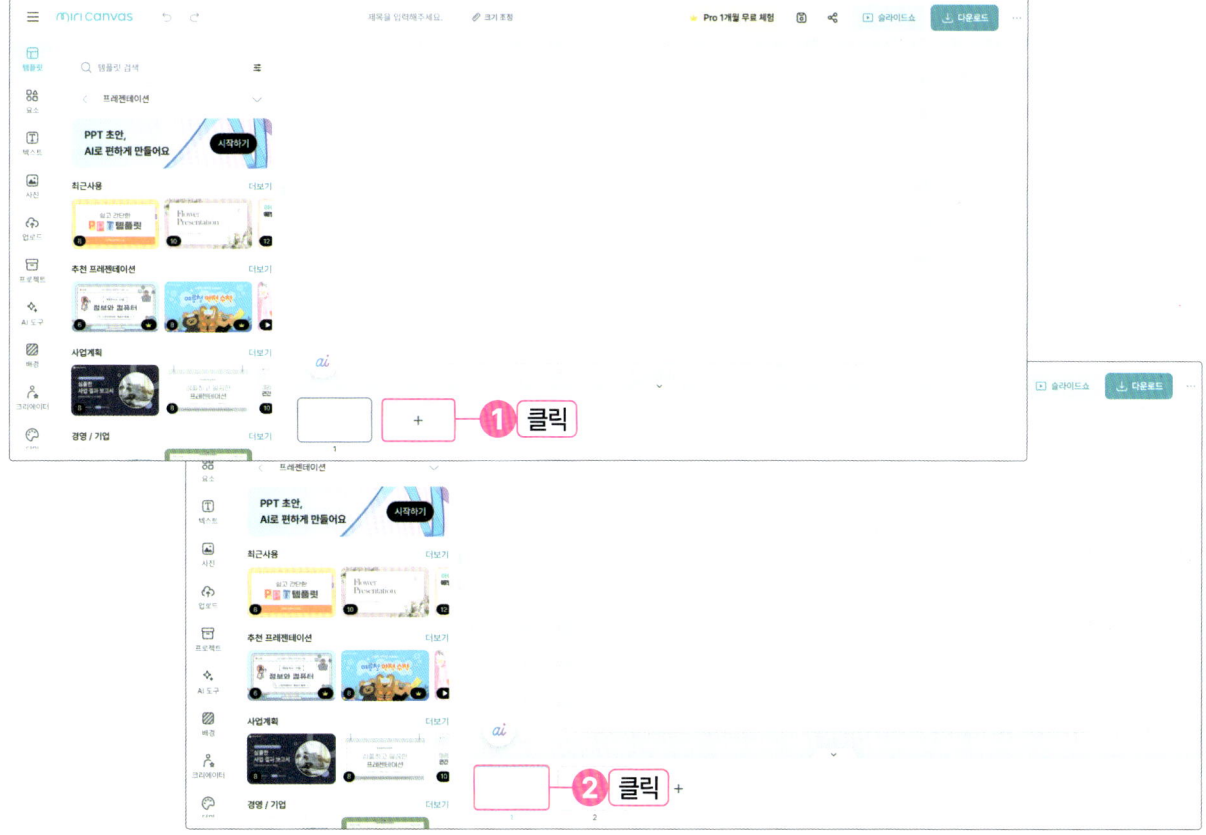

③ [템플릿(□)] 검색창에 "육아 예방접종"을 입력하고 아래의 템플릿을 각각의 페이지에 적용합니다.

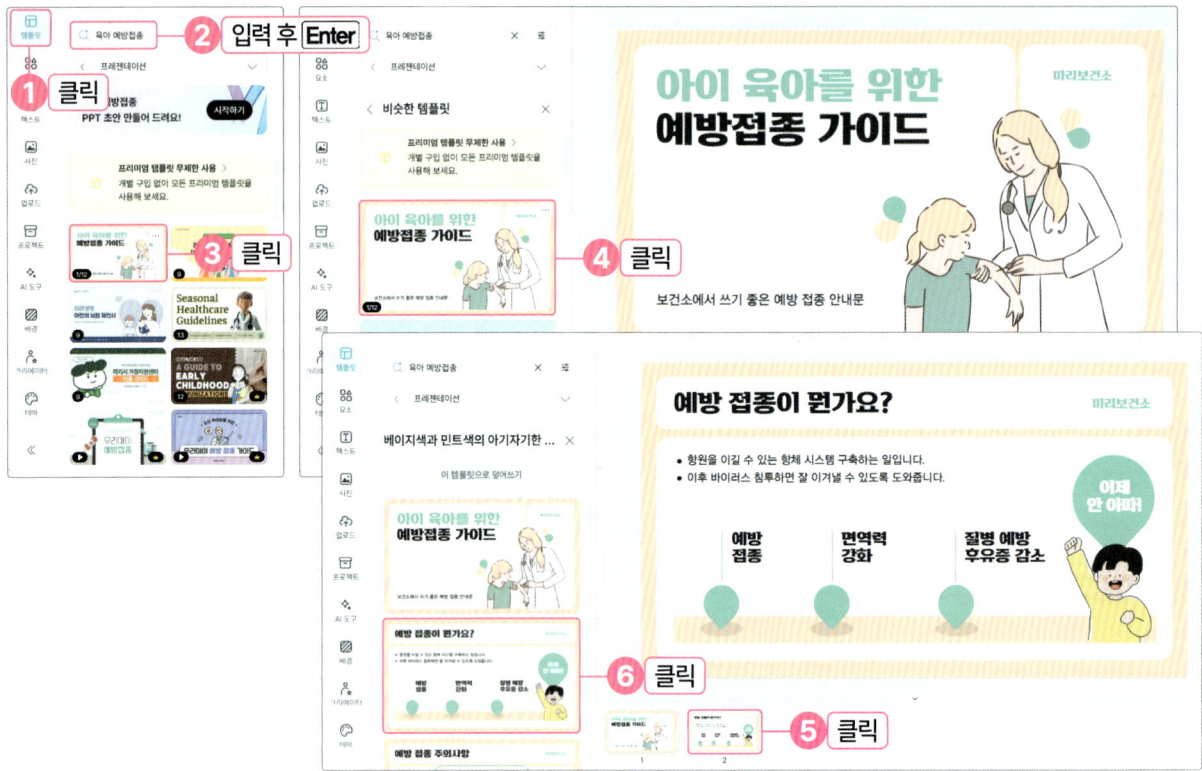

02 텍스트 및 요소 추가하기

① 첫 번째 페이지를 클릭한 다음 텍스트 상자를 더블클릭 후 내용 수정으로 "치아 관리 수칙", "2학년 1반 김미캔"로 수정합니다.

❷ 그림을 선택한 다음 [잠금 해제(🔒)]를 클릭 후 [삭제하기(🗑)]를 클릭하여 삭제합니다. 같은 방법으로 '미리보건소' 텍스트 상자도 클릭 후 [삭제하기(🗑)]를 클릭합니다.

❸ [요소(🔳)]의 검색창에 "치아"를 검색하여 삽입한 후 원하는 위치에 이동 및 크기를 변경합니다.

❹ 두 번째 페이지를 클릭한 다음 아래의 텍스트 상자를 더블클릭 후 수정합니다.

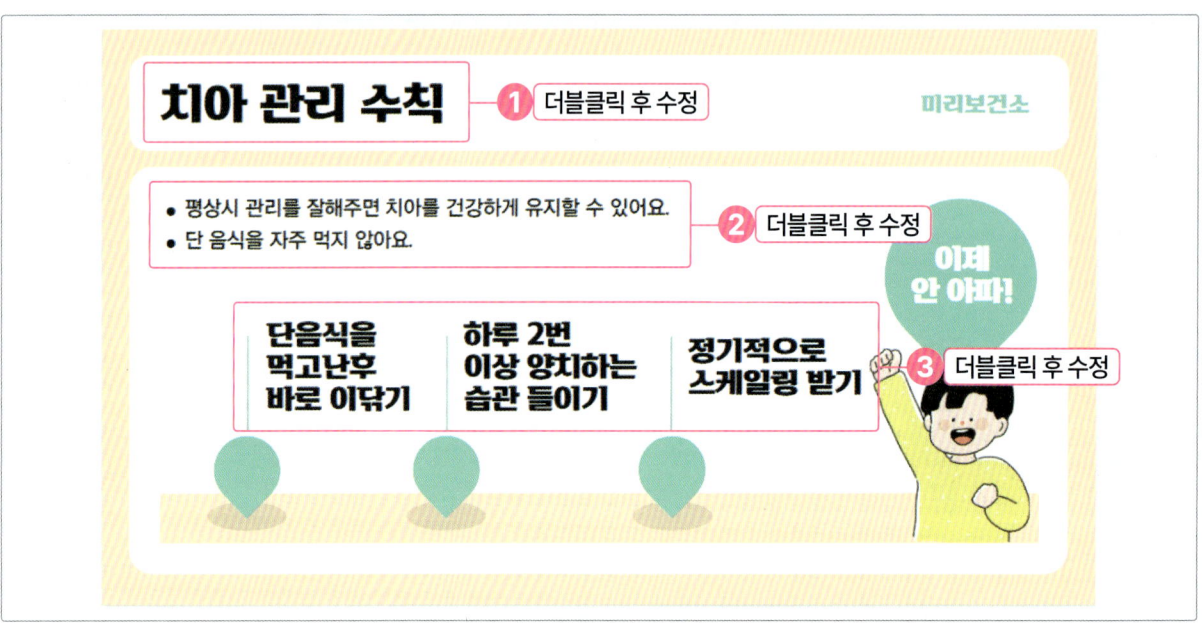

❺ 우측 상단의 '미리보건소' 텍스트 상자를 선택 후 [삭제하기(🗑)]를 클릭하여 삭제합니다.

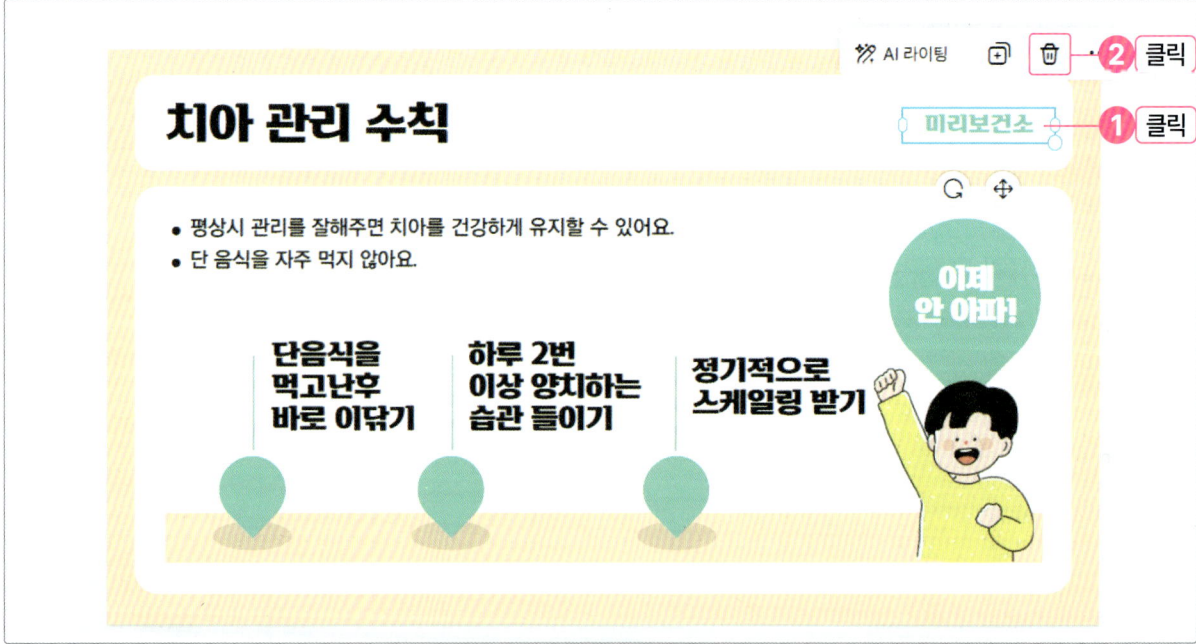

03 애니메이션 적용하기

① 첫 번째 페이지를 클릭한 다음 '치아 관리 수칙' 텍스트 상자를 선택한 후 [애니메이션]-[텍스트]-[타자기]를 클릭하여 애니메이션을 적용합니다.

② 두 번째 페이지를 클릭한 다음 3개의 관리수칙 텍스트 상자를 Shift 를 누른 상태로 각각 클릭합니다. [애니메이션]-[텍스트]-[튀기기]를 클릭하여 애니메이션을 적용 후 [슬라이드 쇼(슬라이드쇼)]를 클릭해서 애니메이션을 확인합니다.

04 저장하고 다운로드하기

① 상단 도구의 [제목을 입력해주세요.]에 "치아 관리 수칙_완성"을 입력 후 Enter 를 누릅니다.

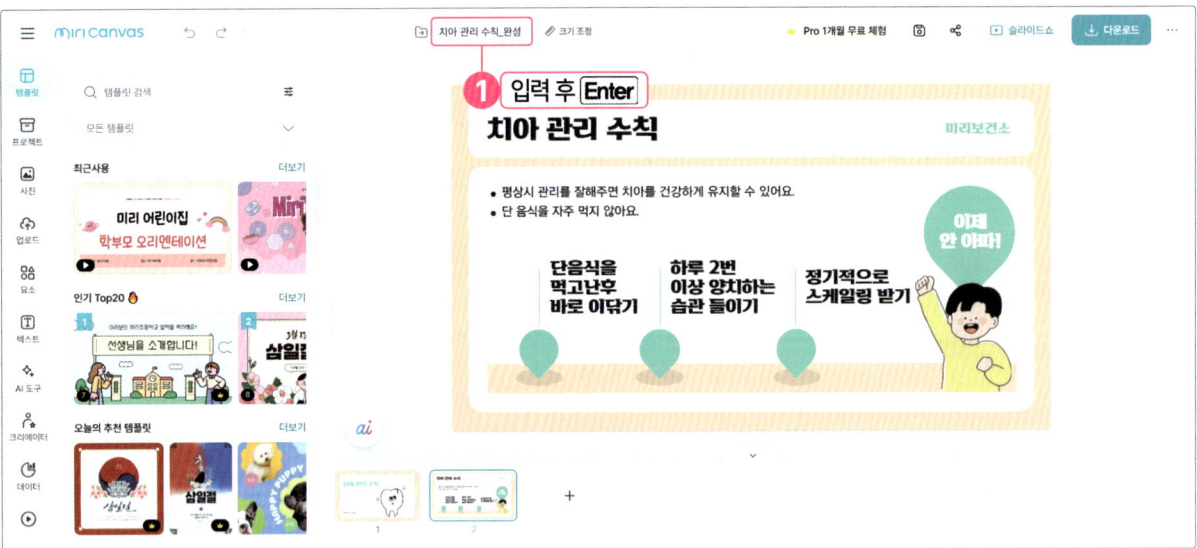

② [다운로드(다운로드)]-[파일형식(PPTX)]-[다운로드]를 클릭하여 저장합니다.

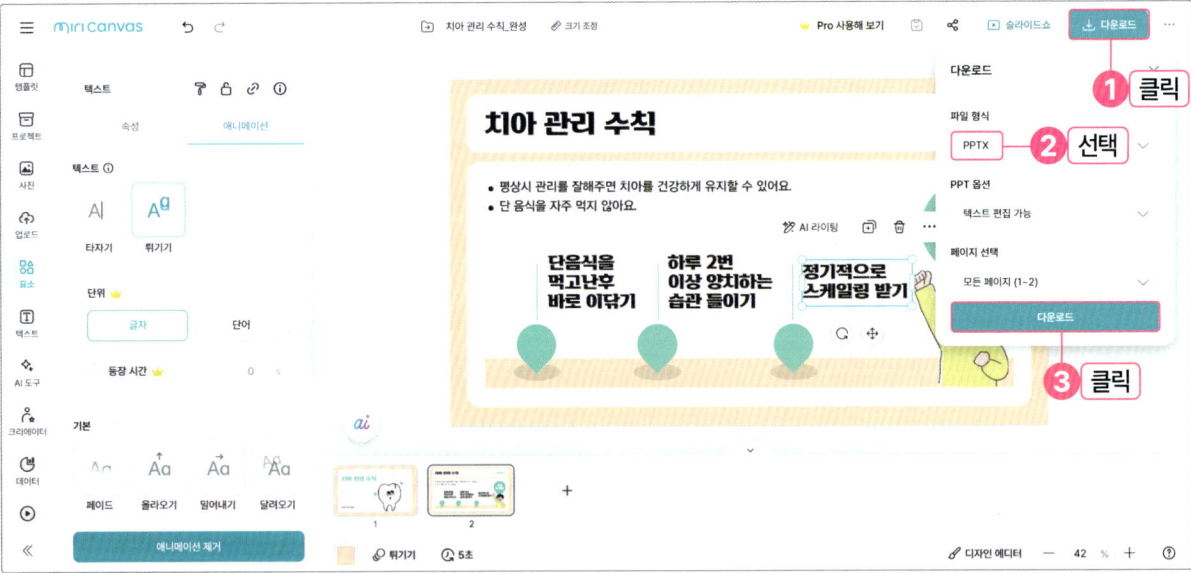

도전! 혼자서 해결해 보아요

CHAPTER 23

■ 완성된 파일 : 치아 관리 OX퀴즈_완성

치아 관리 OX퀴즈를 시작해볼까?

❖ **미션 1 :** 좌측 상단 [전체메뉴(☰)]를 클릭하여 [새 디자인 만들기]-[프레젠테이션]을 선택합니다.

❖ **미션 2 :** [템플릿]을 클릭하고 'OX퀴즈'를 검색하여 원하는 템플릿을 선택합니다.

❖ **미션 3 :** [텍스트]를 변경하고 '요소'를 추가합니다.

❖ **미션 4 :** [애니메이션]을 추가하여 완성합니다.

선생님의 검색어 HINT ▷ 예방접종, 치아 • **사용 글꼴:** Schoolbell Regular, 가비아 솔미체

CHAPTER 24 종합 활동 문제

학습 목표
- [템플릿]을 이용하여 프레젠테이션을 만듭니다.
- [텍스트]와 [요소]를 추가하고 애니메이션을 적용합니다.

📁 완성된 파일 : 챕터24 자유작품_완성

나의 홀리데이는요

완성

선생님의 검색어 HINT ▶ 브이로그, 핑크, 키즈카페, 물놀이, 놀이동산

따라하기!

❶ 프레젠테이션으로 새 디자인 만들기합니다.

❷ 템플릿에 핑크 브이로그를 검색하고 적용합니다.

❸ 필요없는 요소는 삭제하기하고 사진에서 홀리데이를 검색하여 추가합니다.

❹ 제목 텍스트를 더블클릭하여 수정합니다.

❺ 페이지 복제를 한다음 제목크기를 줄이고 키즈카페, 물놀이, 놀이동산을 각각 검색하여 추가합니다.

❻ 텍스트를 추가하여 내용을 입력합니다.

❼ 완성된 작품은 저장하고 다운로드합니다.

📁 완성된 파일 : 챕터24 자유작품2_완성

내 가방안에 무엇이 있냐면?

선생님의 검색어 HINT ▷ 학교, 립밤, 필통, 물티슈

따라하기!

❶ 카드뉴스로 새 디자인 만들기합니다.

❷ 페이지를 추가하고 템플릿에 학교를 검색한다음 각각 적용합니다.

❸ 필요없는 요소는 삭제하기하고 사진에서 립밤, 필통, 물티슈를 각각 검색하여 추가합니다.

❹ 텍스트를 더블클릭하여 수정하고 회전하기합니다.

❺ 완성된 작품은 저장하고 다운로드합니다.

MEMO

MEMO